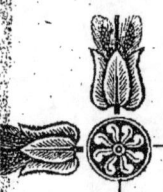 

LA DEMOISELLE

DE

LA CONFRÉRIE,

PAR

MAXIMILIEN PERRIN,

Auteur de : *l'Amour et la Faim, la Fille de l'Invalide, la Servante Maîtresse, la Grande Dame et la Jeune Fille,* etc.

II

———

PARIS,

CHARLES LACHAPELLE, ÉDITEUR,

75, RUE SAINT-JACQUES.

—

1857.

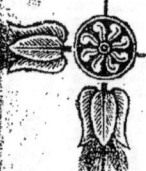 

LES NUITS

DE

VERSAILLES

OU

LES GRANDS SEIGNEURS

EN DÉSHABILLÉ

ESQUISSES PITTORESQUES,

Recueillies sous MM. les lieutenans de police de La Reynie, Hérault, Le Voyer d'Argenson, Sartines, Lenoir, Berryer, etc.

QUATRE VOLUMES IN-OCTAVO.

Prospectus.

Versailles !!! ce nom résume à lui seul deux siècles d'illustration dont la France s'honore ; Versailles fut le berceau de toutes ces gloires, le foyer où elles venaient se raviver à l'ombre de ce soleil des humains, qui alors s'appelait le pouvoir absolu, c'est-à-dire Louis-le-

Grand, et plus tard, le pouvoir débonnaire, sous le règne du *Bien-Aimé;* Versailles, comme le fit Louis XIV, acquit une grande importance, et tandis que la bonne ville de Paris, la capitale aux mille ressources, restait plongée dans une torpeur, d'où les luttes courageuses des parlemens ne purent la faire sortir, Versailles voyait s'accroître chaque jour sa brillante population de seigneurs et de financiers, d'officiers de tous les grades et d'administrateurs de tous les rangs.

On avait un hôtel à Paris, où on ne logeait jamais, et un pied à terre à Versailles, qu'on habitait toute l'année. La cour ne faisait que de rares excursions dans les châteaux du domaine royal, aussi l'affluence des courtisans, des solliciteurs et des provinciaux était toujours la même à Versailles; hôteliers et taverniers, barbiers-étuvistes et maîtres de tripots non autorisés, tous ces gens-là faisaient rapidement de grosses fortunes qui, de nos jours, et grâce au merveilleux Musée Louis-Philippe, pourront se renouveler, et dédommager la classe industrielle de cette ville, du sommeil léthargique et ruineux que les journées d'octobre de 89 lui imposèrent, comme pour la punir de sa scandaleuse opulence et de sa brillante prospérité.

Nos chroniqueurs nous ont montré déjà Versailles à l'OEil-de-Boeuf; Versailles officiel et paré; qui ne sortait qu'après avoir mis son rouge et ses mouches, et rattaché les nœuds de ses rubans; il restait à peindre, à retracer les *Nuits de Versailles* sur lesquelles on a glissé pour ne point éveiller les susceptibilités ombrageuses de la camarilla, toute puissante pendant les dernières années de la restauration.

Versailles galant et bigot sous le grand roi, joueur et libertin fieffé pendant un règne qui précéda la tourmente révolutionnaire, Versailles ressemblait à la maison de verre du philosophe de l'antiquité : rien ne s'y faisait qu'on ne le sut aussitôt chez les d'Argenson, les Lenoir et les Sartines qui faisaient relater, par des scribes obscurs, les peccadilles venues à leur connaissance, afin de s'en servir dans l'occasion.

Dame police avait déjà des raffinemens ingénieux dans sa manière de surveiller ceux qu'on lui désignait du doigt.

En publiant nos *Nuits de Versailles*, nous avons voulu combler une lacune qui existe dans nos chroniques si riches de faits et d'évènemens ; le cadre, que nous avons choisi, nous permet de mettre en relief les grands seigneurs de ces deux siècles, de les représenter, non plus guindés et soumis aux exigences de l'étiquette, mais dans le secret de l'intimité, alors qu'ils ne jouaient plus cette ennuyeuse comédie appelée *vie sociale*. Bien des révélations piquantes, des anecdotes, que nous saurons couvrir d'un voile pudique, des secrets de famille, enfouis jusqu'à ce moment, surgiront de notre publication, pour laquelle nous avons fait d'utiles et de précieuses recherches ; nous inquiétant peu des récréminations qu'elle pourra soulever ; nous entrons en lice, en criant :

Honni soit qui mal y pense!

Les Nuits de Versailles, formeront quatre beaux volumes in-octavo, imprimés avec soin.

La première livraison, composée de deux volumes, paraîtra le 15 septembre.

LACHAPELLE.

LAGNY.— Imp. d'A. LE BOYER et Comp.

LA DEMOISELLE
DE
LA CONFRÉRIE.

LIBRAIRIE DE CHARLES LACHAPELLE.

Ouvrages de E.-L. Guérin.

ROMANS HISTORIQUES.

LE MARQUIS DE BRUNOY, 2 vol. in-8.	15 fr.
MADAME DE PARABÈRE, 2 vol. in-8.	15
LE ROI DES HALLES, 2 vol. in-8.	15
LE MARI DE LA REINE, *deuxième édition*, 4 vol. in-12.	
(Il reste quelques exemplaires sous le format in-8.)	12

ROMANS DE MOEURS.

LE TESTAMENT D'UN GUEUX, 2 vol. in-8.	15
MAGDELEINE LA REPENTIE, 2 vol. in-8.	15
LA MODISTE ET LE CARABIN, 2 vol. in-8.	15
UNE FILLE DU PEUPLE ET UNE DEMOISELLE DU MONDE, 2 v. in-8	15
UNE ACTRICE, 2 vol. in-8.	15
LA FLEURISTE, 2 vol. in-8.	15
LE SERGENT DE VILLE, 2 vol. in-8.	15
L'IMPRIMEUR, 5 vol. in-12.	12
CLOTILDE, *deuxième édition*, 4 vol. in-12.	12
LES DEUX CARTOUCHE, 4 vol. in-12.	12

E. Dépée, Imprimeur, à Sceaux.

LA DEMOISELLE

DE

LA CONFRÉRIE,

PAR

MAXIMILIEN PERRIN,

Auteur de : *l'Amour et la Faim, la Fille de l'Invalide, la Servante-Maîtresse, la Grande Dame et la Jeune Fille,* etc.

II

PARIS,
CHARLES LACHAPELLE, ÉDITEUR,
75, RUE SAINT-JACQUES.

1837.

XIII.

(Suite).

QUI S'EN SERAIT DOUTÉ?

Plusieurs jours s'étaient encore écoulés, un malheur bien grand était venu ajouter au chagrin de Prudence, la mort de son enfant que la pauvre mère pleurait de toute la force de son âme, en se reprochant la perte de cet être chéri que la honte, la crainte avaient si douloureusement comprimé dans son sein jusqu'au moment de sa naissance.

Brichard, tout-à-fait docile aux avis de Desroches, après avoir long-temps attendu le pardon d'une indifférence de quinze jours, l'a enfin obtenu de la cruelle Annette, plus encore, car en présence de la famille et des amis rassemblés, Brichard à haute voix, a offert à la jeune fille et son cœur et sa main. Union sans amour, avait de suite pensé Annette avec amertume, oh! non, et en rougissant, sa tête était tombée sur son sein, et sa bouche restée muette. Ce fut alors que le cœur du généreux amant s'était senti poigné douloureusement, hélas! un léger balancement de tête, lorsqu'il réitéra son offre, lui apprit en plus que dans une belle âme, une fortune ne suffit pas toujours en échange d'un cœur, mais Brichard avait des amis tout prêts à plaider sa cause, et qui non moins jaloux d'assurer la réussite de ses désirs, ainsi qu'un sort fortuné à la jeune fille, à force de raisonnement, de prière, avaient fini par lui arracher un consentement qui, en rendant le bonheur et l'espérance à Brichard, en avait fait le plus heureux des hommes.

M. et madame Verbois étaient toujours inconsolables, tant du parti qu'avait pris Prudence de rester fille, que du chagrin qui la consumait, et dont ils ne pouvaient deviner la cause, une espérance cependant était venue répandre un peu de baume sur leur douleur, ce n'était autre que les soins assidus rendus par Desroches à la jolie Victorine; la confiance établie entre les deux jeunes gens qui, depuis quelques temps semblaient inséparables, aussi en revanche, les larmes de Prudence étaient-elles devenues plus abondantes et ses soupirs plus cuisans? En effet. Desroches à qui le crime d'un prêtre avait ravi une femme qu'il eût aimée avec idolâtrie, privé à jamais de la précieuse possession que lui arrachait un préjugé sévère et infranchissable; Desroches donc, sans se douter des souffrances qu'il causait à l'infortunée, et dont le cœur n'avait pu rester indifférent devant sa vertu et sa douce sollicitude, s'était laissé entraîner par l'esprit et les grâces de Victorine, et une pensée d'union avec cet être charmant, était venu caresser son cœur d'un doux désir. La jeune fille connaissait la rupture du mariage de sa sœur, en avait manifesté un vif regret et blâmé le caprice de Prudence, qui la privait d'un beau-frère dans la personne de celui qu'elle aimait déjà de tout son cœur; Desroches était donc libre de faire un autre choix, Victorine le savait: elle écoutait ses propos galans, souffrait ses assiduités, souriait à ses prévenances, mais n'encourageait l'amant ni par de doux regards, ni par de tendres pressions ; enfin, chez elle tout annonçait une confiance, une amitié sans bornes, mais pas d'amour.

Un matin, Desroches et elle se promenaient solitairement dans une charmante vallée, la campagne était riante, l'air pur et léger, enfin, tout était joie et paix en la nature. Desroches d'un bras amoureux, pressait en marchant la taille de la jeune fille, elle, les yeux baissés, et le visage paré des couleurs de la rose et du lis, prêtait une oreille attentive au prélude d'un tendre aveu, prêt à s'échapper des lèvres du jeune homme.

—Oui, je vous aime, Victorine, fit-il enfin, ah ! ne repoussez pas mon hommage, et daignant devenir ma compagne, mon épouse chérie, consentez, oh ! ma belle amie ! à faire le charme de mon existence entière ? puis il se tut, ces paroles avaient encore plus amoncelé de roses sur les joues de Victorine, qui se taisait et semblait méditer sa réponse, alors fixant sur l'amant le plus amical regard, et lui pressant la main avec force.

— Amis, toujours amis, mais jamais époux, dit-elle enfin.

Oh ciel! vous aussi? s'était écrié le jeune homme.

— Ah! mon ami, en moi, ce n'est point comme chez Prudence, un caprice volontaire impardonnable. Non, je ne puis être à vous, car ce cœur que vous ambitionnez appartient depuis long-temps à un autre.

—Quoi! vous aimez Victorine?

— Pour la vie et sans espoir, oh! je suis bien malheureuse allez!

— Et moi aussi, ma belle amie, car, il est dit que j'arriverai sans cesse trop tard au cœur des femmes, que le mien désire avec feu, mais vous aimez sans espoir dites-vous, est-ce bien possible? vous si charmante, qui donc a pu vous voir et ne pas vous adorer?

— Hélas ! il m'aimait celui que mon cœur avait choisi, mais il m'a jugée indigne de son estime, lorsque je n'avais cessé de l'aimer et de lui être fidèle.

— Chère petite !...

— Ecoutez, écoutez, mon ami et plaignez-moi.

Tous deux alors se placèrent sur un tertre de gazon ombragé d'un ébénier, et Victorine parla ainsi :

— Vous saurez d'abord, que cette jeune fille, mon cher Desroches, qui, jusqu'alors ne vous a semblée qu'espiègle, railleuse, insouciante, cache cependant sous ses dehors de folle gaîté, une âme impressionnable, tendre, hardie, capable d'amour, de beaucoup d'amour, et de n'aimer jamais qu'avec son cœur; apprenez aussi, que je fus invitée, il y a quatre mois à passer plusieurs jours à Amiens, près d'une de mes amies de pension, sur le point de se marier à un colonel de cavalerie, dont le régiment se trouvait alors, en garnison à la citadelle de la ville. Cet heureux préféré quittait à peine la demeure de sa future, et parmi les jeunes officiers, que sa présence continuelle attirait dans cette maison, ils en étaient deux qui en qualité d'amis de la famille, partageaient nos fêtes, nos promenades, l'un se nommait Léon Darcis, était aimable, modeste, spirituel, d'un ton excellent, l'autre, Robert Darmal, aux politesses fausses, oiseuses, rodondantes, pourvu en sus d'une forte dose d'hypocrisie cachée sous un front impénétrable d'un basilic. Tous deux m'adressèrent leurs hommages, mais insensible, folle et légère, je riais long-temps de leur prétendu martyr, et imprudente et caustique, oubliant tout ce que peut conserver de rancune un amour-propre froissé, je m'appliquai trop à ridiculariser sans cesse la tournure gauche, empesée de Robert, ainsi que sa conversation si peu façonnée à tous ses riens, si vides, si creux, et pourtant si séduisans, et dont on fait l'échange dans un salon de bonne compagnie. Mais hélas! combien je devais payer chèrement ce plaisir inhumain et dangereux! Outré de mes continuels sarcasmes, fatigué de mon ironie, et désespérant de mon cœur, ce Robert conçut pour moi une haine violente, et d'autant plus dangereuse que le perfide, cessant de me parler de son amour, le cacha sous le masque perfide d'une feinte politesse, tout en promettant de se venger de mes dédains, si jamais l'occasion lui en était offerte.

Léon Darcis, beaucoup mieux traité, n'avait cessé de m'entourer de soins, de me continuer une cour assidue : enfin je ne puis me défendre de l'aimer à mon tour, de lui faire un aveu naïf, qu'il reçut avec les plus vifs transports.

Depuis un mois, durait entre nous une tendre liaison, une douce intimité, pure, chaste, et qu'augmentait, de jour en jour, la modestie de Léon, et le respect qu'il portait à ma vertu.

Mon amie était mariée depuis quelque temps, bientôt je devais quitter la campagne que nous habitions près d'Amiens, pour retourner dans ma famille, où Léon devait venir me rejoindre quelques jours plus tard, après en avoir obtenu la permission de ses chefs, afin de se faire connaître à mes parens et de leur adresser la demande de ma main. Je l'aimais tant, j'étais si heureuse de le voir, d'être près de lui, que j'éloignais sans cesse l'instant de notre séparation ; aussi, toujours ensemble s'écoulait notre temps, sûre de sa vertu, de son respect, j'osais me confier à sa garde, à son honneur ; alors nous faisions tous deux de longues promenades, des journées entières s'écoulaient à parler de notre amour, à nous le prouver par de douces et chastes caresses, oh! bien chaste! car, me disait-il, en me pressant sur son cœur et posant sur mon front ses lèvres respectueuses :

—Ta vertu, ta pudeur, ma Victorine, font ma gloire et ma plus douce espérance; malheur à celui qu'un vain transport égare, et qui flétrit la vierge avant son hyménée, pour lui, plus de bonheur; pour elle, plus de respect; pour l'avenir, des reproches humilians, injurieux, car le coupable oublie trop souvant que la faute fut la sienne, qu'étouffant le cri de la pudeur aux abois, comprimant une faible résistance, consumant la raison par de brûlantes et délirantes caresses; il a flétri d'avance une fleur dont la possession anticipée, a privé sa couche nuptiale de son plus bel ornement.

J'étais heureuse, bien heureuse! car son

amour faisait ma gloire, et sachant Léon d'une famille honnête et fortunée, je ne doutais nullement que la mienne ne consentît à notre union. Mais hélas, que mes espérances furent déçues, et combien mon bonheur fut de courte durée ! Tandis que je me berçais du doux espoir d'être unie bientôt à celui que j'aimais; la haine, la jalousie, s'éfforçaient de détruire mon avenir de félicité. Léon, trompé par la tranquillité et la froideur qu'affectait Robert Darmal envers moi, croyant que cet homme avait entièrement renoncé à ses prétentions sur mon cœur, comme au dépit que lui avait inspiré mes imprudentes railleries, l'avait rendu confident de nos amours et du projet de demander ma main. Un rire goguenard avait sans cesse accueilli ces doux épanchemens que Léon croyait verser dans le sein d'un ami véritable.

— Un mariage ! sottise, duperie impardonnable, répondait alors Robert, quoi, épouser une petite provinciale, lorsque ta fortune, ton grade, te permettent d'aspirer aux partis les plus brillans? folie! mon cher.

— Ah! elle est si belle! je l'aime tant! répondait Léon, que sans sa possession, la vie pour moi perdrait tous ses charmes.

— Eh bien! maladroit, possède, mais n'épouse pas.

— Quel conseil, Robert, il est affreux! crois-tu donc ma Victorine une femme facile? oh! détrompe-toi, elle est vertueuse, confiante en mon honneur; je dois la respecter.

— Superbe! admirable! sentimens magnifiques surtout, très rare dans un officier de cavalerie. Pauvre dupe! qui a foi à l'infaillibilité de la vertu d'une femme, et d'une femme qui aime encore!

— Robert, tu es injuste.

— Et toi bien niais.

— Tu parles, en cet instant, en amant dédaigné et dépité.

— Pas du tout, mais en homme certain de son triomphe s'il s'était donné la peine de poursuivre l'aventure.

— Bah!

— Soit!!! mais est-tu bien certain de l'amour exclusif de ta belle!

— Comme du mien.

— Superbe! mais si l'on te donnait des preuves irrécusables de la faiblesse de l'enfant, de ces preuves que puisse seul fournir un amant parfaitement heureux.

— Mon amour alors, se changerait en haine et mépris; mais ce que tu dis là est impossible!

— Eh bien! continue encore trois ou quatre jours seulement à soupirer auprès de ta vestale; puis après, c'est moi qui se charge de ta guérison.

— Robert, sais-tu misérable, que tu brises mon cœur, que c'est affreux ce que tu oses dire là; ah! prends garde, tu n'auras pas insulté impunément l'honneur de celle que j'aime; oui, je t'accorde quatre jours, mais d'ici-là fais en sorte de ne point t'être trompé, car alors, la vie de l'un de nous courra de grand risque.

—J'accepte le défi, mais comme je ne veux agir que pour tes intérêts, et te préserver d'une sottise immense, promets à ton tour, que, si je parviens à dessiller tes yeux, à te prouver que tu n'es que la dupe d'une petite coquette, tu ne conserveras nulle rancune contre moi.

— Je le jure! répondit Léon, et tous deux se séparèrent.

L'assurance qu'avait manifestée Robert, et l'insidieux de ses paroles, n'avaient pu convaincre Léon, mais avaient répandu le trouble et la méfiance dans son âme ; aussi me parut-il agité et moins tendre, lorsque je le revis après cet entretien ; je lui fis reproche du changement que je remarquais dans ses manières envers moi, et j'observais que sa bouche en balbutiant quelques excuses, me caressait avec une froideur peu habituelle.

Voici donc la ruse infâme que le perfide Robert employa pour se procurer les preuves de la prétendue culpabilité, qui devait me perdre dans l'esprit de Léon :

La famille de mon ami, ainsi que moi, habitions, comme je vous ai dit, une maison de campagne, située à quelques distances d'Amiens, la vue d'un superbe jardin, le voisinage d'un riche parterre de fleurs, m'avait engagé à donner la préférence à une chambre de rez-de-chaussée que j'occupais depuis notre séjour dans cette campagne ; Robert, au fait des êtres de la maison, escalada un soir les murs du jardin, et trouvant ma croisée entr'ouverte se glissa dans ma chambre, où une lampe brûlait en attendant mon retour ; l'infâme ouvre le secrétaire, parcourt les papiers qu'il renferme, et s'empare d'une lettre que j'avais écrite quelques jours avant, dans l'intention de la remettre à Léon, et que sa froideur subite avait retenue dans mes mains. Cette lettre, qui ne portait ni signature, ni suscription, et cela par prudence, renfermait les plus tendres sermens d'un amour éternel, les désirs brûlans de lui appartenir bientôt, et se terminait par un rendez-vous pour la matinée du lendemain, dans un petit bois à un quart de lieue de l'endroit ; non content de ce larcin, Robert s'empare aussi d'une bague renfermant les cheveux de mon père puis, sachant que chaque soir avant de m'endormir j'étais dans l'habitude de prendre un verre d'eau sucré, le perfide jette une poudre soporifique dans l'eau que contient la carafe, et entendant le bruit de mes pas, court se cacher dans la ruelle du lit. Il était onze heures passées lorsque j'entrais dans ma chambre, où, sans nulle défiance, je me hâtais de me mettre au lit, après avoir pris ma boisson ordinaire. Ayant coutume de lire quelques pages en attendant le repos, je fus surprise de sentir mes sens s'engourdir et mes yeux se fermer malgré moi ; vainement voulus-je combattre un si prompt sommeil, il me fallut céder et je m'endormis profondément. Allors, l'infâme Robert, sortant de sa cachette, s'empresse de rallumer la bougie que j'avais éteinte, puis, s'approche du lit, me contemple en soupirant, me profane de quelques caresses, et, profitant du sommeil de plomb où m'a plongée le soporifique, écarte lâchement la couverture, découvre mon sein, et sous celui de gauche, rencontre ce qu'il sait y trouver, un signe enfin, imitant à peu près la forme d'une fleur, et duquel j'avais parlé devant Robert et plusieurs autres personnes, un jour qu'on s'entretenait des bizarreries de la nature, de ces signes distinctifs que les enfans amènent en naissant. Longtemps, le lâche le contemple, en observe la forme, puis, n'osant sans doute pousser plus loin son odieuse violation, rejette, sur mon corps, le voile que sa main audacieuse s'est permis de soulever; ensuite, s'armant d'une paire de ciseaux, Robert détache une boucle de mes cheveux, et, muni de ces preuves obtenues par la fraude et la perfidie, il s'éloigne par le même chemin qui lui donna entrée dans ma chambre, où je m'éveillais le lendemain, sans nul soupçon de ce qui s'était passé pendant mon sommeil.

— Ainsi donc, tu refuses d'ajouter foi à ma bonne fortune? disait Robert le lendemain à Léon.

— Oui, ce que tu me dis là est de toute impossibilité. Tu es un lâche, Robert, d'oser ainsi ternir la réputation de la plus aimable des femmes. Non, je le répète, Victorine n'a pu changer si subitement l'indifférence qu'elle te témoignait contre des transports d'amour, non, tu ne peux avoir obtenu d'elle le sacrifice d'une vertu que j'ai respectée. Tu mens, tu mens! te dis-je, et j'exige aussitôt des preuves certaines de ce que tu avances si faussement, ou la perte de ta vie vengera l'honneur de celle que tes discours osent outrager si indignement.

— Des preuves, répète froidement Robert, soit! je consens à t'en donner à l'instant même, quoique bien persuadé que l'incrédulité que t'inspire ton fol amour l'emportera sur tout.

— Des preuves donc! des preuves! reprend Léon avec la plus vive impatience.

— Tiens, que penses-tu d'une femme qui m'écrit ainsi? Vois quel style délicieux...

Léon regarde : c'était la lettre que j'avais tracée pour lui ; il reconnaît mon écriture, il pâlit, et lecture faite, l'infortuné, blessé au cœur, se laissa tomber sur un siège où il resta anéanti.

— Un moment, ce n'est point encore tout; voici la bague que me donna ta Lucrèce durant le joli tête-à-tête du petit bois, que m'indiquait cette charmante missive, plus, une boucle de sa chevelure de jaie, que ses belles mains détachèrent elles-mêmes, et dont il te sera facile de reconnaître la souche près de la plus belle oreille du monde. Eh bien! qu'en dis-tu, mon pauvre Léon? tout cela te semble-t-il suffisant? Peut-être non; il me faudrait sans doute te dévoiler les charmans secrets de la plus délicieuse créature, te dépeindre la blancheur et le satiné de sa peau, les contours d'une gorge admirable, livrée à mes baisers, à mes caresses amoureuses, te parler d'un signe, véritable bouton de rose, situé sous le sein gauche, charmant secret que seul est admis à contempler l'amant heureux et préféré auquel on s'abandonne sans voile ni contrainte.

— Au sein gauche, dis-tu?

— Oui, cher ami, au sein gauche, un bouton de rose des mieux marqués, inclinant un peu vers l'abdomen, et...

— Assez! assez! quelle trahison!!! s'écrie Léon hors de lui. Robert, Robert! nous nous reverrons bientôt, ajouta-t-il en s'éloignant avec rapidité.

Ce jour, je l'attendais, car je ne l'avais pas vu la veille. Notre rendez-vous était à plusieurs distances de la maison, non loin du petit bois, notre promenade ordinaire. Fidèle à l'heure indiquée, je le vois accourir au loin; il approche, il me joint. Mon Dieu! qu'il était pâle et paraissait souffrant!

— Qu'avez-vous, Léon? m'écriai-je alarmée par l'altération de ses traits.

— Rien ; seulement la crainte de ne point vous trouver ici.

— Ah! Léon, ai-je jamais manquée à un seul rendez-vous ; pourquoi cette crainte aujourd'hui?

— Que sais-je! les femmes sont tellement capricieuses, fantasques!

— Ah! quelle réponse! combien elle me surprend dans votre bouche, Léon. Mais, mon ami, laissez à des hommes moins délicats que vous ces dénominations injurieuses contre mon pauvre sexe, et dites à votre Victorine ce qui est la cause du trouble où je vous vois, apprenez-lui pourquoi votre regard aujourd'hui ne cherche point le sien avec amour, pourquoi vos lèvres, de coutume si caressantes, expriment-elles en ce moment le plus froid dédain ?

— Suis-moi, viens, viens dans le bois, là je t'instruirai de tout, entends-tu, Victorine ? Oh ! j'ai beaucoup à te dire, beaucoup à savoir. Viens, hâte-toi.

En disant, Léon avait saisi mon bras, et en m'entraînant, le comprimait avec force. Effrayée de ce mouvement, je portai sur lui des yeux où se peignaient la stupeur, la surprise et l'effroi.

— Au nom du ciel ! qu'avez-vous, monsieur ; pourquoi fixer sur moi ces regards courroucés ? m'écriai-je en cherchant à dégager mon bras qu'il étreignait avec une force irrésistible.

En ce moment, nous entrions dans un épais taillis. Alors Léon me fixant avec colère :

— Victorine, tu es une infâme, une fille

perdue, une prostituée! me dit-il d'une voix terrible; tu as voulu me tromper, indigne, et lorsqu'en toi je croyais respecter la vertu même, pour prix de ma folle confiance, tu ne m'apportais qu'un cœur usé, un corps flétri par les caresses d'un misérable! Ah! dis-moi comment je dois me venger d'une telle infamie?

Adossée contre un arbre, indignée, tremblante et me croyant sous l'influence d'un horrible songe, je passai la main sur mon front brûlant, frottai mes paupières afin de m'éveiller et de me soustraire à cet affreux cauchemar. Hélas! je ne dormais pas : mes regards effarés se portèrent alors sur Léon, semblèrent interroger le sien et lui dire : Je ne comprends pas...

Enfin la raison me revint, et avec elle toute la force, la dignité que donne une conscience pure et sans reproche.

— Léon! Léon! m'écriai-je, oh! que faites-vous? d'où vient ce délire, cette fièvre affreuse qui vous font insulter avec ignominie celle que vous aimiez d'une ardeur sincère et qui n'a jamais aimé que vous? Ah! revenez à vous, mon ami, cessez de m'outrager, car je ne suis pas coupable du crime dont vous m'accusez.

— Oses-tu bien te justifier avec une telle candeur, femme astucieuse! Quoi! tu n'es point la maîtresse de Robert Darmal?...

— Infamie! j'ai toujours détesté cet homme.

— Tu mens! car tu lui as prostitué ton corps, reprend Léon avec rage.

— Malheureux! que dites-vous?

— Rien que l'exacte vérité, perfide. Tiens! reconnais-tu cette lettre que m'a remise Robert?...

— Oui... mais je l'écrivis pour vous; le monstre l'aura trouvée, et voulant me perdre dans votre esprit...

— Silence !... Et ces cheveux ?...

— Ils ressemblent beaucoup aux miens, mais ils ne peuvent m'appartenir.

— Tu te trompes, car toi-même les coupas pour les donner à ton amant.

— Vous êtes fou, Léon !

— Ose donc alors me livrer ta tête, que je puisse te confondre.

J'ôtai le chapeau de paille qui la couvrait et présentai ma chevelure à Léon, qui s'empressa aussitôt de m'indiquer la place où les cheveux avaient été coupés ; j'y portai la main et sentis en effet leurs racines ; je ne pus m'empêcher de pâlir et de trembler tout à la fois.

— Eh bien ! qu'en dis-tu, infâme ? Nieras-tu encore ta perfidie ?

J'étais anéantie et ne pouvais trouver assez de force pour répondre. Léon, de plus en plus furieux, me présenta ensuite la bague ravie par Robert ; je la reconnus, je voulus m'en emparer ; il la brisa entre ses dents et en jeta les morceaux au loin.

—Ainsi te voilà donc confondue! Fuis, misérable, car ta vue ne m'inspire désormais que dégoût et mépris, et je te hais encore plus que je ne t'ai jamais aimée. Va, retourne près de ton fidèle amant, rire dans ses bras de ma sotte crédulité, l'enivrer des poisons de ta luxure. Va, je te déteste et te maudis!

Cela dit, Léon laissa tomber dans ses mains son visage baigné des larmes du désespoir, et moi, plus malheureuse encore, humiliée, sans paroles, sans force pour me défendre, je tombai mourante sur la terre.

Me voyant sans connaissance, Léon qui déjà avait fait quelques pas pour s'éloigner, revint aussitôt à moi, et prenant ma position en pitié, essaya vainement de me rappeler à la vie ; mais un souvenir le frappe. Oui, il lui manque encore une preuve de ma perfidie, il veut s'en saisir, se convaincre entièrement, et l'instant est propice. Alors il s'empresse de briser mes vêtemens, de rompre mes lacets; ses yeux se fixèrent sur l'endroit de mon cœur qu'il venait de mettre à nu; il aperçut un signe tel que le lui avait dépeint Robert.

— Plus de doute! s'écria-t-il douloureusement, et un cri de rage s'échappa de son sein.

Ma poitrine débarrassée des liens qui la comprimaient, la respiration reprit son cours; un instant après j'ouvris les yeux; mais lorsque je vis le désordre de mes vêtemens, mon sein découvert et Léon agenouillé près de moi et presque sans connaissance, une horrible pensée s'empara de moi.

— Perdue! perdue! m'écriai-je de l'accent du désespoir, en versant un torrent de larmes et cachant ma honte dans mes deux mains.

— Non ! non ! détrompe-toi, je te méprise trop pour cela. As-tu donc oublié que tu es la concubine de Robert ? s'écria Léon ; j'ai voulu seulement saisir sur ton cœur le signe que dans tes transports amoureux tu dévoilas à ton amant, et que lui-même m'avait dépeint avec la plus minutieuse exactitude. Non ! non ! tes attraits ont été sans séductions, sans charmes pour moi ; j'ai dédaigné ta possession, parce que je t'ai maudie, parce que je te hais, parce que désormais je te trouve indigne des caresses d'un honnête homme

Cela dit, Léon m'accabla d'un dernier regard de mépris et s'éloigna en m'abandonnant à ma honte et à mon désespoir.

Cette horrible aventure faillit me donner la mort, car je fus plus d'un mois malade très dangereusement. Enfin la jeunesse l'emporta sur l'excès du mal, et me rendit la santé et la force.

Alors, m'armant d'énergie, ne pouvant confier mon secret à personne, je formai le projet de venger moi-même l'insulte que j'avais reçue, de punir Robert de ses impostures, et de le forcer à me justifier aux yeux de Léon, quoique renonçant pour jamais à l'amour d'un homme qui avait pu me croire coupable et m'avait humiliée à ce point.

Dès lors je m'exerçai au maniment des armes à feu, à former mon coup-d'œil, à frapper à cinquante pas le but que je me proposais, enfin à être sûre de ma main. Le succès surpassa mes espérances, car en moins d'un mois je brisais une baguette à trente pas. Je fis donc emplette des armes qui m'étaient nécessaires, et cela par le canal de votre cher cousin Brichard, fort étonné, ma foi, de savoir ce qu'une jeune fille prétendait faire de pareils instrumens; et me voyant non moins habile avec ces nouveaux pistolets, j'attendis le moment propice pour satisfaire ma vengeance.

Enfin on vint me prévenir que mon amie, absente d'Amiens depuis deux mois, était de retour de la veille.

A cette nouvelle, attendue avec impatience, mon cœur bondit de joie, et le lendemain je me rendis à Amiens. Je revis Caroline; elle était heureuse, très heureuse en ménage, et désirait fêter l'anniversaire de la naissance de son mari. Elle me fit part que son intention était de donner un bal à sa campagne, où assisteraient les officiers de la garnison.

— Bien, très bien! lui dis-je, mais pour que la fête soit complète, il faudrait que ce bal fût masqué.

— Y penses-tu, Victorine, un bal masqué au mois d'août.

— Pourquoi pas?

— Quelle idée! Au fait, elle me sourit assez.

— Et moi encore plus; car à te parler franchement, je ne serai pas fâchée de profiter de la licence du masque pour turlupiner un peu ce M. Robert, qu'à ma prière tu ne refuseras pas d'inviter.

— Je hais cet homme, répondit mon amie.

— Et moi donc! Allons, Caroline, je ne retourne pas à Abbeville que ton bal ne soit décidé.

Et le jour même tout fut convenu et arrêté pour la huitaine.

Je revins donc aussitôt à Blancourt, où à peine vous étiez-vous douté de mon absence, et où j'attendis avec impatience le jour tant désiré.

La veille, rappelant à M. Narcisse Brichard la parole qu'il m'avait donnée de servir de témoin dans une affaire d'honneur, je trouvai le petit homme rétif et fort peu disposé à me suivre, selon nos anciennes conventions. Que faire alors? Il me fallait absolument un témoin, et hors Brichard, à qui il m'était possible d'en imposer, personne, je pense, ne se serait soucié d'assister une jeune fille en pareille circonstance. Je me vis donc forcée de contraindre votre cher cousin à tenir sa promesse, et par quelques menaces de le rendre docile à mes volontés. Enfin, il me suivit, plus par crainte, il est vrai, que par soumission.

Nous roulâmes vers Abbeville; là, je louai deux riches costumes à la Henri III, et mettant le tout dans notre chaise de poste, sans oublier mes pistolets, nous prîmes le même jour la route d'Amiens, où nous arrivâmes à la nuit close, non sans qu'il ne m'eût fallu soutenir en chemin les mille et une questions de M. Brichard, fort inquiet de ce que j'allais faire de lui, et de savoir comment je me trouvais, moi femme, mêlée dans une affaire d'honneur.

L'instant était arrivé, onze heures de la nuit avaient sonnées, et depuis deux on dansait déjà dans les salons et le jardin de Caroline

Mon idée avait plu généralement, chacun l'avait adoptée avec enthousiasme, et ce bal masqué où brillaient les plus élégans costumes, cette fête donnée par une nuit aussi belle que celles d'Italie, et qui s'étendait des salons au jardin, ces guirlandes de feu, serpentant d'arbre en arbre, ces chevaliers du moyen-âge, ces pages, ces bohémiens, ces belles châtelaines, alsaciennes coquettes, tout cela se croisant, se promenant, s'intriguant avec esprit et finesse, dansant et se perdant sous la feuillée, faisait un tableau ravissant, original à voir, et vous transportait à Venise aux jours de son beau carnaval.

M. Brichard et moi ne nous étions pas encore mêlés à cette foule nombreuse et folle, car parée de notre travestissement, nous l'admirions à travers les persiennes de ma chambre, moi attendant avec impatience qu'un des domestiques de la maison vînt me prévenir, selon mes ordres secrets, de l'arrivée de Léon et de Robert, et du costume que portait chacun d'eux.

— Parbleu! charmant lutin, ne pouviez-vous me prévenir plutôt, que ce mystère effrayant, ces armes, ces costumes, que tout cela n'était autre que les dispositions d'une fête ravissante? me croyez-vous donc ennemi des plaisirs pour m'avoir fait un secret de cette aimable nuit où vous m'invitiez à prendre ma part?

Ainsi me disait votre cousin, dont j'avais grand'peine à contenir l'impatience, et à qui la vue d'un joli domino, d'une charmante suissesse passant près de notre croisée, donnait des envies de s'élancer dans la fête.

Enfin l'instant de satisfaire son impatience ne se fit plus attendre : le valet vint m'avertir que les deux officiers venaient d'arriver, que Léon portait un costume à la François I$_{er}$, et Robert celui d'un magicien; que ce dernier en ce moment était au jardin, en train de dire la bonne aventure à la maîtresse de la maison.

Cinq minutes plus tard, nous nous mêlions à la foule et participions aux plaisirs.

Grâce au sérieux que j'avais apporté au choix de mon costume, au soin que j'avais mis à effacer mes formes féminines, à ma barbe postiche, à mes longues moustaches, personne, selon mes désirs, ne se doutait de mon sexe. J'allais et venais donc dans la foule, sans y être remarquée.

D'après mes fermes recommandations, et à son grand déplaisir, mon cher compagnon me suivait pas à pas, écoutait en grimaçant la consigne que je lui murmurais à voix basse, et qui consistait à ne s'effrayer de rien, à ne point trahir mon sexe, à rester complètement muet et inactif dans toute circonstance, même dans une dispute si je venais à m'en attirer une, et qu'il fallût un combat pour la vider.

M. Brichard, à ces derniers mots, ouvrit de grands yeux, et soit pour m'engager à éviter ce désagrément, ou par fanfaronnade, me prévint qu'il ne souffrirait pas que dans une telle circonstance je poussasse les choses à ce point, qu'il était responsable de moi envers mes parens, et qu'à la première apparence d'un danger, qu'il me suppliait d'éviter, il déclarerait aussitôt mon nom et mon sexe.

— Alors, monsieur, lui dis-je d'une voix ferme, j'aurai poussé les choses jusqu'à l'offense, et provoqué un duel à mort; ne pouvant plus me battre après votre imprudente déclaration, ce sera donc vous qui, en qualité de mon cavalier, vous battrez à ma place.

— Du tout! n'ayant point insulté personnellement, je refuserai net.

— Et moi, que votre zèle maladroit aura privée d'une vengeance qui m'est plus chère que l'existence, je vous brûlerai la cervelle, monsieur!

— Diable, diable de femme! murmura le petit monsieur. Allons, faites comme vous l'entendrez, belle amie, je resterai muet, passible comme la loi, reprit-il; et cela dit nous nous dirigeâmes vers une allée solitaire au bout de laquelle je venais de voir passer Robert, poursuivant un domino bleu, qui redoutant sans doute son impertinence, refusait de prêter l'oreille à ses prédictions.

J'arrivai fort à propos, car le beau masque, qui n'était autre qu'une jeune femme bien timide et bien faible, appuyée contre un treillage et serrée dans ses derniers retranchemens, priait, suppliait l'impudent magicien de la laisser en repos; mais, tenant peu compte de l'embarras de sa victime, il lui débitait à voix basse, je ne sais quel insolent langage, qui contraignit la pauvre enfant à implorer notre protection.

Je rendis grâce au hasard qui me procurait enfin une occasion que je guettais depuis mon entrée dans la fête, et grossissant ma voix.

— Holà! malencontreux sorcier, n'auras-tu donc jamais de courage, que pour insulter les femmes? Au large, Robert l'imposteur! et laisse ce domino en paix; ne vois-tu pas que ta face hypocrite l'effraie, même à travers ta barbe? En disant, j'allongeais un bras ferme et hardi, et j'arrachais à cet homme l'épaisse et postiche fourrure qui ombrageait son menton.

—Insolent ollibrius! s'écrie Robert furieux, et me menaçant d'un regard terrible.

— Tout beau ! lâche que tu es, sans cela, l'ollibrius, pourrait bien t'apprendre à vivre. A ces mots, Robert ne se contenant plus, lève le bras pour me frapper et au même instant, reçoit de ma main un vigoureux soufflet, que sans nul doute j'allais payer d'une ample représaille, l'orsqu'un homme, dans lequel je reconnus aussitôt Léon, s'avança vers nous et retint le poingt formidable de Robert prêt à m'assommer dans sa terrible chute.

— Pas de bruit, dis-je d'un ton véhément à mon adversaire, j'ai ici, à deux pas, des armes cachées dans un buisson, sortons à l'instant même, monsieur, ajoutais-je en indiquant Léon qui consentira sans doute à vous servir de témoin, quant à moi! voici le mien, ajoutai-je en montrant Brichard à moitié mort de peur et immobile à quelques pas de nous.

— Qui êtes-vous, pour oser me défier avec cette impudence? dit Robert.

— Un homme qui te cassera la tête, avant une heure, si tu ne viens à l'instant te mesurer avec lui, allons donc, lâche! tu sembles hésiter, oublies-tu que je viens de flétrir ta face hypocrite? l'insulte n'est-elle pas assez forte et pour te décider faut-il encore te cracher au visage.

— Quelle insolence! s'écria Léon.

— Marchons donc alors derrière ce mur, la lune nous prêtera ses rayons pour éclairer la mort de l'un de nous.

— Oui, marchons! car qui que tu sois, j'ai soif de t'écraser, insolent freluquet, dit enfin Robert s'arrachant à la stupéfaction où la plongé un instant mon audace.

— Partons! m'écriais-je, je donne ordre à Brichard d'aller à quelques pas chercher la boîte renfermant mes pistolets, impossible à lui de bouger de place tant l'effroi paralyse ses sens, j'y cours donc et revins aussitôt, une petite porte facilite notre sortie du jardin en nous évitant de traverser la foule, nous marchons un demi-quart d'heure, l'espace suffisant, pour que la détonnation de nos armes ne retentît pas dans la fête. Enfin, on s'arrête.

— Quelle sont les conditions de votre duel? demanda Léon.

— A mort! m'écriais-je.

— A mort soit!!! répéta Robert.

— Vos armes! les seules que je possède en ce moment, les pistolets.

— Acceptez!

— A quelle distance le feu?

— A vingt-cinq pas, répond Robert. Alors il n'y a plus de paroles, Léon s'empresse de charger les armes, après le refus de Brichard, plus pâle en ce moment que la mort même. Nous nous plaçâmes donc à la distance convenue, et les armes ajustes, nous n'attendîmes plus que le signal pour nous envoyer la mort.

— Feu, fait Leon, les deux coups partent au même temps et Robert roule sur la terre, nous courons à lui et quoique dangereusement blessé par une balle entrée dans le sein droit, il respire encore, fixe un regard courroucé.

— Lieutenant Robert, lui dis-je en saisissant sa main avec force, te sens-tu la force de recommencer un second feu?

— Oui! repond-il d'une voix faible en essayant à se soulever, mais son corps retombe sur la poussière.

— Qui donc es-tu toi, qui me porte tant de haine? reprend-il en me fixant de nouveau et cherchant à deviner mes traits.

—Tiens, regarde, Robert, dis-je en arrachant mes moustaches et montrant mon visage à découvert, je suis Victorine Verbois, la faible fille que tu n'as pas craint de déshonorer, que par une ruse infernale et que je ne conçois pas encore, tu as rendu la femme la plus malheureuse, celle enfin! dont tu as brisé le cœur, dont tu as détruit les plus chers amours, celle, qui ne pouvant confier sa honte, sa douleur à personne, s'est chargée du soin de sa vengeance et de punir ton imposture!

Je parlais, et Léon, le genou en terre, saisi de surprise, pâle et tremblant, me fixait avec crainte et douleur, Robert, dont les traits n'exprimaient plus que la souffrance, s'était emparé d'une de mes mains, qu'il inondait de larmes brûlantes, et Brichard, encore peu rassuré, contemplait ce tableau d'un air effaré.

— Oui, oui, je suis un imposteur, s'écria le blessé, grâce, grâce, Victorine! que je n'emporte pas votre haine dans la tombe.

— Ah! puis-je vous pardonner, monsieur, vous m'avez fait tant de mal?

— Hélas! oui, je fus un lâche, indigne de votre pardon, ô Léon, elle n'aimait que toi, j'étais jaloux de ton bonheur et j'ai voulu en détruire la félicité.

— Innocente! innocente! et comme je l'ai traité?

— Victorine, daigneras-tu jamais prendre pitié de moi? s'écrie Léon, en élevant ses mains suppliantes.

—Ecoutez, monsieur, hâtez-vous d'entendre ma justification, lui répondis-je en indiquant Robert qui s'empressait de profiter du peu de force qui lui restait encore, pour nous instruire du manège qu'il avait employé afin de s'emparer des preuves nécessaires pour me perdre près de Léon.

— Vous venez d'entendre, monsieur, repris-je lorsque Robert eut terminé son récit et m'adressant à l'amant crédule.

—Victorine, au nom du ciel! pardonne

à mon injuste erreur, ha! si tu savais combien j'ai souffert de ta perte cruelle, combien en te croyant perfide je t'aimais encore ! Victorine, laisse-moi à force d'amour, réparer mes torts envers toi, pardonne, pardonne, ô mon amie! car ta haine me tuerait. Puis, Léon se traînait à mes genoux, couvrait ma main de baisers et de pleurs, Robert, non moins peiné, implorait aussi, mais je détournai les yeux et faisant une horrible violence aux tendres sentimens qui s'emparaient de mon cœur, comprimant mes sanglots.

— Plus d'amour, m'écriais-je, pour celui qui disait m'aimer et qui douta de ma constance! adieu éternel à lui, qui me couvrit impitoyablement d'injures, d'opprobres et de honte! à toi mon pardon et ma pitié, lieutenant Robert, car, ta faute envers moi, m'a fait connaître la juste mesure d'estime et de confiance, que me portait l'homme qui disait m'aimer plus que la vie.

— Victorine! veux-tu, donc cruelle, me voir expirer à tes pieds?..

— Capitaine Léon, regardez, votre frère d'armes se meurt, hâtez-vous de le secourir et de lui pardonner comme je lui pardonne moi-même. Puis promettant d'envoyer du secours, j'engageais M. Brichard à seconder Léon, et m'éloignais aussitôt avec rapidité sans avoir égard aux larmes ni aux prières de Léon, que le devoir et l'humanité, retenaient près de Robert.

Je regagnais de suite le jardin où je rentrai par la même porte, puis rencontrant un domestique, je lui commandai d'envoyer le plutôt possible plusieurs de ses camarades pour aider à transporter Robert dans la maison.

Enfin une heure plus tard la balle avait

été extraite et la blessure déclarée non mortelle, je respirais en recevant cette heureuse nouvelle, de la bouche de mon amie, car j'avais puni l'injure faite à mon honneur, je m'étais justifiée aux yeux de l'homme devant qui je redoutais le plus de rougir et n'avais point une mort à me reprocher. Plus tranquille et voulant éviter de revoir Léon, je rejoignis M. Brichard et l'arrachant avec regret, d'une fête où en ce moment, oubliant sa frayeur passée, il sautait et gambadait à cœur joie, je l'entraînais vers la chaise de poste qui nous attendait et nous partîmes au galop.

A Abbeville nous changeâmes nos costumes contre des habits de ville, et nous roulâmes de nouveau vers Blancourt, où à dix heures du matin, nous fûmes enfin de retour.

Ainsi, mon ami, jugez maintenant après m'avoir écouté, si ce cœur ulcéré, encore tout plein d'amour pour un ingrat, mérite le doux bonheur de se donner à vous.

— Chère Victorine ! vous me voyez encore tout ému du récit de vos chagrins et de l'effroi que m'a inspirés votre imprudent courage. Enfant ! vous, femme faible et délicate aller jouer votre vie dans les chances d'un combat, pourquoi ne pas m'avoir ouvert votre cœur, confié le soin de venger votre honneur insulté ?

— Qui moi, vous exposer, lorsque l'insulte vous était étrangère, ah ! jamais.

— Folle ! exposer une tête si belle au plomb meurtrier, quelle barbarie !

— Et qu'importe la tête, lorsque le cœur est flétri ! répond Victorine avec énergie.

— Ainsi donc, plus d'espoir pour moi, ô ma douce amie ? dit Desroches avec tristesse en pressant la main de la jeune fille et fixant sur elle un regard où se peint la tendresse et le regret.

— Hélas! je l'aime encore, vous dis-je et, je n'ai qu'un cœur, répond Victorine en baissant les yeux.

— Alors il me faut donc renoncer au titre d'époux, puisque Victorine et Prudence, me le refusent toutes deux.

— Ah! Prudence! Prudence! elle ne veut donc point connaître le bonheur puisqu'elle repousse le meilleur des hommes? s'écrie la jeune fille d'un accent où perce l'expression du regret et de la surprise.

— Oh! ne la blâmez pas; Victorine, laissons aux anges leurs secrets, parlons encore de vous, ma douce amie, et apprenez-moi, si, depuis ce duel extraordinaire, le capitaine Léon a cherché à vous revoir?

— Non, car j'appris dernièrement sans le vouloir et de la bouche de mon amie, que le lendemain même de cette aventure, il avait été forcé de partir pour Paris, chargé d'une mission importante.

— Mais il a dû vous écrire, au moins?...

— Oui, répond Victorine.

— Il implore sa grâce, sans doute?...

— Je l'ignore, car je me suis imposé le cruel devoir de ne point lire ses lettres, et, me méfiant de ma faiblesse, je les ai toutes brûlées sans les ouvrir.

— Imprudente! et si, incapable de supporter plus long-temps la perte de votre cœur, l'infortuné, après avoir vainement sollicité par écrit la grâce et le pardon de l'erreur d'un moment, il devait succomber sous le poid de sa douleur? si enfin une de ces lettres contenait son dernier adieu!

— Alors, je n'aurais plus qu'à mourir aussi, répond tristement Victorine, laissant échapper deux ruisseaux de larmes.

— Quoi! tant d'amour et tant de rigueur, ah! c'est être trop ingénieuse à se tourmenter.

— Hélas! monsieur, il fut si injuste, si

barbare! ô mon Dieu! comme il m'a traitée!!!

— Ses regrets, cet aveu d'un amour qu'il n'avait cessé de ressentir, même vous croyant coupable, tout cela ne devrait-il pas vous désarmer? Ah! ne soyez pas inhumaine, croyez-moi, oubliez ses torts, et vous-même ne vous punissez pas aussi cruellement, Victorine, pardonnez à Léon...

— Oh! oui, pardonne-lui, Victorine, si tu ne veux qu'il expire à tes pieds, d'amour et de désespoir!

La jeune fille pousse un cri, mais un cri de surprise, car Léon, pâle, amaigri, souffrant, vient de paraître subitement à ses yeux et de tomber à ses genoux. Victorine veut fuir, et n'a seulement pas la force de se relever, elle se laisse aller sans connaissance dans les bras de Desroches, mais cet évanouissement est d'une courte durée, grâce au flacon renfermant des sels, et que Desroches porte sans cesse sur lui; elle ouvre la paupière, et son premier regard rencontre Léon, encore à ses pieds, le visage baigné de larmes, et exprimant la plus vive anxiété, l'attente la plus douloureuse.

— Hélas! pourquoi combattre les désirs de ton cœur, ô ma Victorine! tu m'aimes encore puisque ta bouche vient d'en faire le doux aveu; ah! cesse donc alors de faire le malheur de deux cœurs si bien faits pour s'entendre, oublie mes injustices, oublie un jaloux transport où m'ont plongé l'amour le plus tendre, la douleur mortelle de me croire trahi! Ah! si tu savais combien je souffre, combien mon repentir est sincère, hélas tu prendrais pitié de moi.

— Victorine écoute, ne répond pas, mais pleure beaucoup, beaucoup.

— O vous! ami généreux, priez, priez pour moi, car vous voyez, elle reste muette à mes souffrances; ah! faites-lui donc comprendre, que sans elle, sans sa précieuse possession, je ne peux vivre désormais une heure, un moment, que j'ai expié mon erreur, mon odieuse conduite, de toutes les larmes de mes yeux, que sous le poid de son courroux ; mon âme s'affaiblit, mon cœur se dessèche; oh! parlez-lui, monsieur, dites-lui que je suis trop malheureux, que je n'ai jamais cessé de l'aimer ; suppliez-la de chasser de sa mémoire ces infâmes paroles que ma bouche osa prononcer dans un délire jaloux, dans le transport frénétique de la colère; dites-lui qu'elle me pardonne ou que je vais mourir !

Ainsi disait Léon en pressant les mains de Desroches, en portant sur lui et sur Victorine des regards supplians. Desroches, ému jusqu'aux larmes, conjure la jeune fille de renoncer à son injuste rigueur, et de prendre pitié du repentir de son amant ; alors la tête de Victorine, comme affaissée par la langueur de ses pensées, tombe mollement sur l'épaule de l'amant, que, par un mouvement involontaire et convulsif, elle attirait sur son cœur; Léon ranimé par cette étincelle d'espérance, la fixe avec ivresse, saisit un regard de tendresse à travers les longs cils qui couvrent son œil humide.

— N'est-ce pas, Victorine, que tout est oublié, que dans votre cœur il n'y a plus maintenant qu'amour, indulgence et pardon? dit Desroches en s'emparant de la main de la jolie fille et la plaçant dans celle de Léon. Elle ne répond que par un doux sourire, et ses lèvres entraînées par une tendre attraction, viennent presser celle de son amant. Léon, l'heureux Léon, a enfin retrouvé le bonheur, tout est oublié, car, sans résistance, il s'enivre du bonheur de presser son amie sur son sein, de caresser son divin visage, et cela, en lui jurant un amour éternel, sans borne et exempt de tout nuage.

Desroches contemple les deux amans, le trouble, le regret, sont dans son cœur ; hélas ! pense-t-il, qu'il est doux de s'aimer ainsi ! qu'il est cruel de perdre ses plus chères espérances ! puis Léon raconte, que de retour de sa mission depuis deux jours, et ne pouvant résister plus long-temps au désir de revoir Victorine, et de tenter un nouvel effort pour obtenir sa grâce, il s'est remis en route pour Blancourt trois heures après son arrivée à Abbeville; puis ajoute, que n'osant se présenter au château, il errait dans ses alentours depuis la veille, dans l'espoir d'apercevoir la jeune fille et d'obtenir un secret entretien, lorsque le matin il l'avait vu sortir dans la campagne et se promener au bras de Desroches.

— Hélas! j'ignorais qui vous étiez, monsieur, continue le jeune capitaine, mais de loin j'observais vos mouvemens, vous pressiez ma Victorine sur votre sein et paraissiez l'entretenir avec tendresse ; oh! cette vue me troubla, me désespéra, j'aurai voulu m'élancer sur vous, vous demander raison d'un bonheur que j'enviais, et duquel je m'étais volontairement privé, mais que je regrettais plus que tout au monde. Je réfléchis qu'ayant rompu les liens qui m'unissaient à elle, et me donnaient des droits à son cœur, à son unique possession, je ne pouvais me permettre à l'avenir de blâmer ses actions, et de m'opposer à ce qu'un autre cherchât à conquérir un cœur que j'avais si cruellement repoussé. Cependant, dévoré d'une violente jalousie, résolu de m'arracher une vie qu'il me fallait passer loin d'elle, je conçus l'idée, en vous voyant reposer sur ce tertre, de m'approcher sans bruit, d'écouter votre entretien, de m'assurer si Victorine avait entièrement cessé de m'aimer, et d'acquérir par là de nouvelles forces pour accomplir mon sinistre projet. En effet, j'entendis votre bouche exprimer les doux sentimens de votre âme, j'entendis avec ravissement, les regrets que manifestaient ma Victorine de ne pouvoir les payer d'un juste retour; puis, l'aveu que je lui étais encore cher, enfin, l'histoire des maux que je lui ai causés, et je rendis grâce à votre générosité, lorsque vous daignâtes plaider en ma faveur et solliciter le pardon d'un coupable rival. Ah! monsieur, jamais une telle conduite ne sortira de ma mémoire ni de mon cœur!

— Oui, comme nous tous, il faudra l'aimer, mon ami, car il est le meilleur et le plus généreux de tous les hommes, dit Victorine à Léon, en pressant la main de Desroches.

— Daignez-vous, monsieur, accepter l'amitié du capitaine Léon, en échange d'un peu de la vôtre? fait entendre le jeune homme.

— Elle vous est acquise tout entière, monsieur, désormais, entre nous, que ce soit à la vie comme à la mort.

Et les deux nouveaux amis, s'embrassèrent avec la plus franche cordialité; puis, on se mit en marche vers le château, où Desroches se chargea de présenter Léon à la famille Verbois, en qualité d'ami intime de la maison.

XIV.

DOUBLE MARIAGE.

Depuis huit jours, Léon habite Blancourt, chaque jour apprenant à mieux connaître Desroches, le jeune capitaine, rend grâce au ciel de lui avoir donné pour ami, un homme plein de mérite, de douceur et d'une générosité sans exemple. Léon présenté par Desroches, a parfaitement été reçu de monsieur et de madame Verbois ; plus encore, c'est que, répondant de ses mœurs et de son amour sincère pour la charmante Victorine, Desroches a obtenu le consentement du père et de la mère, au mariage des deux amans, non sans quelques difficultés cependant, car, ce n'est qu'avec une peine extrême, que M. Verbois a renoncé à l'espoir d'avoir pour gendre, l'homme qu'il estimait le plus, et ce ne fut qu'en maudissant le caprice de ses deux filles, qu'il s'était rendu aux prières de Desroches.

Brichard, très sédentaire au château, et de plus en plus épris de son Annette, dont les talens augmentaient de jour en jour, Brichard donc a reculé de surprise en apercevant et reconnaissant Léon. Victorine a souri, puis s'est approchée.

— Chut! tout est oublié et pardonné, a-t-elle dit tout bas à Brichard qui alors s'est empressé de présenter sa main au capitaine.

— Je vous reconnais, monsieur, notre connaissance date d'un moment bien critique, mais j'espère que notre amitié n'en sera pas moins vive et sincére pour cela?

— Certainement, mon capitaine, avait répondu Brichard, car, pour la cimenter, soyons heureux ensemble le même jour; vous allez vous marier, moi de même, eh bien! que le même autel reçoive nos sermens d'union, et que les mêmes réjouissances célèbrent notre bonheur commun.

— Approuvé! M. Brichard.

— C'est dit! capitaine.

Et une franche accolade, une amicale poignée de main, scellèrent l'heureuse convention.

— Allons, Annette, soyez donc plus sage,

pourquoi pleurer ainsi, enfant? disait Desroches à la jeune fille qu'il venait d'apercevoir seulette et tout en larmes dans un des bosquets du parc.

— Vous me le demandez, monsieur, ne savez-vous pas la cause de mon chagrin aussi bien que moi.

— C'est juste, ma chère petite, mais je suis loin de l'approuver, car enfin, je conçois que vous n'ayez pas d'amour pour Brichard, mais il est honnête homme et vous aime du plus profond de son cœur; avec lui, votre vie s'écoulera dans l'aisance et la paix, et bientôt, l'habitude, la reconnaissance, vous tiendront lieu des sentimens que votre futur mari n'a su vous inspirer jusqu'alors. Ah! remerciez le ciel, Annette, de ce mariage de raison, hélas! si vous saviez, pauvre enfant, combien cet amour dont votre cœur regrette l'absence, cause souvent de peine et de regret.

— Oh! je le sais!

— Vous avez connu l'amour, Annette? reprend vivement Desroches en fixant la jeune fille.

— Non par expérience, monsieur, mais par les larmes qu'il fait répandre à une autre que moi.

— Et cette autre, vous la connaissez?

— Oui, monsieur... Oh! elle est bien malheureuse...

— Pauvre femme! elle aime sans espoir, peut-être?

— Sans espoir aucun, répond Annette en soupirant.

— Serait-ce une de vos amies de village, Annette?... Le manque d'un peu de fortune s'oppose peut-être à son bonheur, l'empêche d'être à celui qu'elle aime?.. Contez-moi cela, mon enfant; nous pourrions venir à son secours et sécher ses larmes.

— Elle habite la ville, monsieur, elle est riche et belle, et tous les trésors du monde ne sauraient la rendre heureuse.

— Je comprends ; l'infortunée n'est point payée de retour, elle aime seule enfin...

— Oui, maintenant.

— Annette! au nom du ciel, de qui parlez-vous donc? hélas! je crains de vous comprendre!!!

— Chère Prudence!!!

— Grand Dieu!.. elle m'aimerait, dites-vous ?

— Plus que la vie, monsieur.

— Ah! je la plains, reprend Desroches d'un accent douloureux.

— Pauvre fille! est-ce de sa faute, si elle fut la victime d'un monstre, hélas! son malheur ne peut-il donc jamais trouver grâce?

— Oui! dans mon cœur, Annette, mais son suborneur existe; de plus, les préjugés, les convenances, l'honneur, tout enfin, s'oppose à une union entre elle et moi; je l'ai aimée; maintenant, je la plains, mais je ne puis en faire ma femme.

— Elle en mourra, monsieur.

— Assez! assez! mon enfant, car, ce que vous venez de m'apprendre me fait un mal affreux.

— Ainsi donc, nul espoir pour elle?.. ajoute Annette, malgré la défense de Desroches et fixant sur lui un regard interrogatif.

— Jamais comme épouse, mais comme amie toujours! répond le jeune homme.

— Pauvre Prudence! ah! si tu savais que, dans l'espérance de te rendre le bonheur, de payer la tendre amitié que tu me témoignes, j'ai vainement trahi tes plus chers secrets!... oh! comme tu en voudrais à l'imprudente Annette.

Cette exclamation, en dévoilant l'intention

d'Annette, lui mérita un sourire de Desroches qui, serrant affectueusement la main de l'excellente fille, lui dit :

— Je crois ne pouvoir mieux récompenser votre bon cœur, mon enfant, qu'en vous engageant à combler les vœux de Brichard, devenez son amie, son épouse, et vous réfugiant sous l'égide d'un honnête homme, hâtez-vous d'échapper aux embûches de l'amour, aux pièges tendus à votre innocence, à votre beauté.

— Bien parlé, dit Brichard qui arrivait à l'instant et n'avait entendu que ces derniers mots ; en vérité, mon cher Desroches, tu es un homme d'excellent conseil, un ami vertueux, et je m'en veux à la mort d'avoir eu l'infamie de t'accuser de perfidie, vraiment, j'étais un grand sot, un être bien injuste en ce moment-là. A propos... je venais vous apprendre, ma jolie fiancée, que le mariage du capitaine et de Victorine vient d'être fixé à quinze jours, et vous soumettre une convention faite entre Léon et moi, de célébrer nos deux noces ensemble.

— Bien pensé! fait entendre Desroches; qu'en dites-vous, chère Annette?

— Je suis prête, monsieur, à accepter tout ce que vous jugerez convenable, à suivre vos conseils en tout point.

— Alors, à quinze jours notre mariage, ma chère Annette... Oh! vous aurez un excellent mari, et moi, une bonne petite femme, n'est-ce pas Desroches?

— Oui, c'est avec la ferme persuasion que vous serez heureux l'un et l'autre, que j'ai souhaité cette union.

— Ainsi donc, mon cher Desroches, toi qui étais venu ici pour te marier, tu seras le seul qui s'en retournera garçon. Au fait, je ne conçois rien au caractère de cette petite Prudence, refuser le meilleur enfant du monde, un homme bon, sage, riche, et qui l'eût aimé comme ses petits yeux. Tenez, franchement, je pense, moi, que la jeune pleurnicheuse a quelques passions dans le cœur, car j'ai peu de confiance dans cet amour filial qui lui fait préférer son père et sa mère aux douceurs de la conjugalité.

— Chut! Brichard, laisse à chacun ses goûts et ses secrets, et occupe-toi des préparatifs de ton mariage, car voilà une jolie fille qu'il faut parer, embellir, au point qu'elle fasse tourner toutes les têtes le jour de ses noces. Ensuite, cette charmante enfant a un père et une mère au sort de qui il faut songer.

— Merci, M. Desroches, mais mes parens, sans être riches, possèdent une existence honorable et à l'abri du besoin.

— C'est possible, ma belle Annette, mais aussi votre père, pour se l'assurer, est-il contraint de se livrer à de rudes travaux, dit Desroches.

— Et moi, je ne veux pas que mon beau-père travaille... Voyons, Desroches, aide-nous de tes conseils... que ferons-nous pour eux?

— Je vous préviens, messieurs, que mes parens ne veulent pas quitter leur village, fait entendre la jeune fille.

— Nous les y laisserons alors, mais nous leur ferons bâtir une jolie maison capable de nous recevoir lorsque nous irons les visiter, reprend Brichard.

Annette sourit et approuve la motion.

— Plus, une pension de mille écus que tu leur assureras la vie durante.

— Approuvé! dit le petit homme; plus...

— Assez, assez, messieurs, en voilà beaucoup trop, je vous assure, et même, je vous engage à réduire de moitié la pension, car au village, tant d'argent embarrasse.

En ce moment, la cloche du déjeuner se fit entendre, et les trois amis, après quelques mots encore, se dirigèrent vers le château.

Les quinze jours se sont écoulés, et ce temps qui a paru si long à Léon, à Brichard et Victorine, s'est cependant écoulé avec rapidité et a à peine suffi aux nombreux voyages qu'ont nécessité les démarches de tous genres, les immenses apprêts de ces deux noces, c'est à Blancourt qu'elles devaient se célébrer, aussi tout était-il en l'air au château comme au village, où de grands préparatifs annonçaient que les fêtes seraient nombreuses et brillantes.

Au jour dit, les voitures, les carrioles de toutes sortes, amènent les parens, amis et invités dont le nombre est immense et encombre le château où tout le département semble s'être donné rendez-vous, mais parmi tous ces visages beaux, passables, laids, hétéroclites, Desroches n'a point encore aperçu celui de

Juliette, de sa fille adoptive enfin, que Germain, son vieux domestique, auquel il a écrit depuis dix jours, devait lui amener à Blancourt. Desroches donc, inquiet du retard qu'éprouve l'arrivée de la jeune fille, fait seller un cheval et profitant du temps qui lui reste avant la cérémonie, se met en route, ventre à terre, se dirigeant vers Dieppe où doivent passer Germain et Juliette avant de se rendre au château. A peine a-t-il franchi l'espace d'une demi-lieue, qu'un nuage de poussière arrête au loin son regard, c'est une chaise de poste arrivant avec rapidité. Desroches court au-devant, approche et la reconnaît à la couleur. C'est la sienne !

— Arrêtez, postillon !

Un cri de joie s'échappe de l'intérieur, car Juliette a reconnu son bienfaiteur, son ami, et lui tend les bras à travers la portière. En un instant, Desroches qui a quitté et confié son cheval au postillon, s'est placé entre la jeune fille et le vieux serviteur, et aussi bon maître que bon ami, les comble tous deux de vives caresses. Mon Dieu! qu'elle est encore embellie cette Juliette avec ses quatorze ans, avec son sourire naïf et gracieux, ses beaux cheveux blonds, ses grands yeux bleus comme un ciel d'Orient, sa taille svelte, et ce corps dessiné à la Raphaël!.. Oh! comme elle paraît joyeuse, comme elle entoure Desroches de ses bras caressans, et le remercie des bienfaits dont il n'a cessé de l'accabler depuis plus de trois ans, qu'il la ramassa pauvre, abandonnée et pleurant auprès d'un cadavre! Et lui, comme il la contemple, l'admire avec bonheur! oh! qu'il la trouve gracieuse, belle, et se sent heureux et fier d'avoir cultivé cette fleur enchanteresse.

— Oui, oui, tu es bien belle, ma Juliette, et certain que tes talens égalent tes vertus et tes charmes, je suis le père le plus fortuné de la terre.

— Mon père, vous? Ah! si cela était, que je serais contente! dit Juliette en couvrant de baisers la main de Desroches qu'elle tient dans les siennes et porte alternativement de son cœur à ses lèvres.

— Oui, je suis ton père, Juliette, car n'ai-je pas pour toi toute la tendresse qu'exige ce titre sacré? N'est-ce pas moi qui, maintenant comme à l'avenir, dois veiller avec sollicitude sur tes actions, ton bonheur, puis te marier un jour?

— Mon Dieu! mon Dieu! que je suis donc protégée du ciel, et que je le remercie mille fois de mavoir envoyé un tel protecteur, un père, oui, un père chéri! répond Juliette, et ses yeux qui en parlant s'étaient animés de la plus pure ivresse, firent briller deux perles liquides qui roulèrent brûlantes sur la joue de Desroches.

En discourant de la sorte, on arrive au château dans la cour duquel entre la chaise de poste; un cri de joie et d'impatience s'échappe de la bouche de ceux qui, pendus aux croisées, guettaient le retour de Desroches qu'on attendait depuis un quart d'heure, car la toilette des mariés était terminée, et l'on ne pouvait partir à l'église sans le principal témoin.

Desroches paraît au salon, tenant sa Juliette par la main; il la présente à la société en annonçant qu'une roue cassée en route a seule retardé l'arrivée de la jeune fille. Puis il réclame quelques instans encore, afin que la nouvelle arrivée puisse aller changer de toilette. Accordé, et Juliette reparaît bientôt plus parée encore de ses grâces, de ses charmes, que de ses riches vêtemens. Un cri d'admiration a salué son entrée... Qu'elle est belle! quelle divine personne!.. Puis on l'entoure, on la flatte, on ne peut se rassasier de l'admirer.

— Comment! comment! c'est là cette petite mendiante? se dit Brichard, le regard ébloui et la bouche béante.

Mais si Juliette est bien jolie, elle n'est pas la seule en ce moment qui jouisse de cet avantage que quelques-uns prétendent être si funeste, et que moi, je trouve au contraire fort avantageux pour les femmes qui la possèdent. Non, elle n'est pas la seule jolie, car Victorine, Annette, parées de la robe nuptiale, la tête ornée du chapeau virginal, et toutes deux modestes comme la mère du Christ, sont aussi capables de faire perdre l'esprit, tant elles sont gracieuses et charmantes.

M. et madame Verbois sont dans le ravissement, et voudraient avoir une fille à marier tous les jours. Léon et Brichard craignent de n'avoir assez de force et d'existence pour supporter tout le bonheur que leur promettent ce jour et la nuit qui doit le suivre.

Desroches admire avec orgueil sa Juliette investie des fonctions de demoiselle d'honneur, puis la confie à la pensive Prudence dont il a réclamé l'intérêt et l'amitié en faveur de sa fille adoptive. M. Marmotant, un des témoins a juré de ne point dormir avant minuit, et à cet effet s'est muni d'un flacon de vinaigre des quatre voleurs, qu'il respire de cinq minutes en cinq minutes, afin de chasser de sa paupière un sommeil opiniâtre. Le père d'Annette, M. Grincheux, le col de la chemise monté plus haut que les oreilles, en habit bleu-barbeau, pantalon de Nankin d'une excessive largeur, souliers à boucles d'argent, le tout neuf et de son choix ; le brave homme, planté droit comme une asperge dans l'embrasure d'une fenêtre, ne sachant que faire de ses bras, riant bêtement à chaque parole qu'on lui adresse, et se confond en salutations, même envers les domestiques de la maison, tandis que madame son épouse, en grand bonnet monté et déshabillé de soie gorge de pigeon, bavarde dans un coin avec une grande demoiselle de la ville qui la prie de vouloir bien lui expliquer l'art de chaponner les poulets.

— Partons, partons, monsieur le curé s'impatiente, s'écrie-t-on de toutes parts, et l'on se met en marche vers l'église située à l'entrée du village. A sa sortie du château, le cortège est salué d'une bruyante décharge de mousqueterie exécutée par les gardes de la propriété et les gens de la ferme, puis les tambours battent aux champs; deux crins-crins, une clarinette ainsi qu'une grosse caisse se placent en tête et se mettent en marche, en exécutant l'air : *Où peut-on être mieux qu'au sein de sa famille!* Arrivés à la porte de l'église, la fusillade recommence de nouveau, les : Vivent les mariés! se hurlent à tue-tête, et joints au carillon des cloches qui frappent à grande volée, complètent un bacchanal infernal. Entrés dans le temple, tout se tait et change d'aspect, la cérémonie alors n'a plus rien que d'imposant, car les époux sont agenouillés au pied de l'autel, et un prêtre à cheveux blancs, ministre vénérable, prononce et bénit l'union des deux couples.

Une demi-heure après, on rentre au château où chacun s'empresse d'assommer les nouveaux époux d'une masse de félicitations, puis arrive l'instant de se mettre à table, puis celui du bal, puis le plus heureux et le plus désiré de tous, celui que l'époux se garde bien de laisser échapper, celui après lequel Léon soupirait depuis long-temps, que Brichard eût volontiers devancé, même avant la fin du jour, si en rougissant, Annette n'avait repoussé de toute sa force une telle proposition.

Oh! le lendemain, quel aimable embarras! quelle voluptueuse langueur dans les traits de la jolie Victorine! comme elle court cacher sa rougeur dans le sein de sa mère. Et Annette, pauvre petite! comme elle rougit aussi, baisse les yeux afin d'éviter les regards et les sourires malins, et non moins timide que sa compagne de bonheur, c'est près de Prudence et dans les bras de l'amitié qu'elle va trouver un refuge.

Un mois après, le château de Blancourt était veuf de ses hôtes, M. Verbois, son épouse et Prudence avaient regagné Abbeville et leur demeure habituelle. Léon était allé conduire et présenter sa jeune épouse dans sa famille qui habitait la Bourgogne. Desroches, Brichard, Juliette et Annette, après avoir donné l'assurance du prompt retour à leurs amis d'Abbeville, avaient roulé vers Paris, où des affaires importantes appelaient les deux cousins, après une si longue absence.

I.

DEUX ANS APRÈS.

C'était par une des premières soirées du printemps, près du foyer d'un riche salon, qu'une jeune et charmante fille de seize ans au plus, écoutait attentivement et les larmes aux yeux, les paroles douces et sages que lui adressait l'homme aux pieds duquel elle était assise en ce moment sur un petit tabouret, la tête du jolie enfant était mollement appuyée sur les genoux de ce personnage, qui dans la sienne serrait affectueusement la main blanche, mignonne et potelée qu'on lui abandonnait.

— Oui, tu as seize ans accomplis, ma Juliette, disait cet homme qui n'était autre que Gabriel Desroches; sur la terre, ma chère petite, tu n'as de protecteur que moi, hélas! si tu venais a me perdre, que deviendrais-tu, ange de beauté? Qui veillerait sur toi à l'avenir, qui te garantirait des pièges tendus à ton innocence, à ta pureté? Oh! Juliette! Crois-moi; suis les conseils de ton meilleur ami, accepte l'époux que je t'offre en ce jour et que ma prudence, juge digne et capable de faire ton bonheur.

— O ciel! répondait la jeune fille, levant ses beaux yeux pleins de larmes vers son père adoptif, ô ciel! que vous a donc fait votre Juliette pour penser à l'éloigner de vous? Hélas! aurait-elle manquée aux devoirs de la reconnaissance, se serait-elle rendue indigne de votre tendre sollicitude?

— Mais non, enfant répondait Desroches en entourant de son bras le cou de la jeune fille, en attirant son beau visage près du sien, tu sais bien que tu es et fus toujours un ange de douceur, de bonté, que jamais tu ne donnas à ton ami que joie et satisfaction aussi, qu'il te chérit par-dessus tout au monde, que tu es sa vie, son bonheur, et que, si dans ce jour, il t'impose le cruel sacrifice de t'éloigner de lui, de confier à un autre, le soin de t'aimer et de te protéger c'est encore un excès de sa tendresse et en ta faveur, une abnégation cruelle de ce qu'il aime le plus au monde; mais je te le répète encore Juliette, s'il m'arrivait quelque malheur, je tremble de te laisser seule dans ce monde dangereux, il te faut donc assurer un ami, un second moi-même, un époux enfin, pour te soutenir, te protéger. Ainsi donc, mon enfant, cesse de t'opposer à ce qu'un ami désire pour ton bonheur et sans plus d'obstacle de ta part, comble les vœux de Léonard en l'acceptant de ma main pour époux.

Non! non! je ne puis m'y résigner, au nom du ciel! mon cher bienfaiteur, si je vous suis chère, renoncez à un projet qui ferait le malheur de ma vie, mourir, oui, plutôt mourir mille fois que de m'éloigner de vous.

En disant ces mots avec l'accent d'une forte résolution et du plus violent désespoir, Juliette levait ses mains suppliantes vers Desroches qui, fortement ému par la douleur de la jeune fille, par les vives caresses dont elle l'entourait afin sans doute, de l'attendrir, n'osa plus continuer l'entretien sur ce sujet en le remettant, dit-il, à un autre instant, où sa fille chérie serait plus calme et raisonnable. Une heure encore passée près l'un de l'autre, puis, la pendule venant à faire entendre la onzième heure du soir, Juliette quitta la place qu'elle n'avait cessé d'occuper près de son ami et ayant appelé sa femme de chambre, se retira dans son appartement après avoir embrassé Desroches avec bonheur et reçu de lui la même caresse sur son front virginal.

Avant d'aller plus loin, jetons un regard en arrière et sachons pour bien comprendre l'action présente, ce qui a dû se passer parmi nos héros, durant les deux années qui se sont écoulées depuis le double hymen célébré au château de Blancourt. D'abord, une perte cruelle est venue contrister nos amis, celle de

M. Verbois, décédé trois mois après le mariage de Victorine, Prudence depuis ce malheur n'a pas quitté sa mère et quoique triste et languissante elle-même, la jeune fille s'est efforcée chaque jour de consoler la pauvre veuve de l'absence éternelle d'un époux chéri. Victorine, la première année de son union, n'a cessé de suive son mari dans les diverses garnisons imposées à son régiment, Léon ; favorisé par la fortune, de brillantes protections, a fait un chemin rapide et occupe dans l'armée un grade important; mais hélas ! depuis quelques mois cet amour éternel juré à sa jolie compagne s'est un peu refroidi; car, Léon, qui pendant la première année semblait ne pouvoir se passer un instant de la présence et des caresses de sa jeune épouse, sous le vrai prétexte que de continuels changemens de lieux, de nombreux voyages fatiguaient sa santé, a contraint Victorine de retourner pendant son absence à Abbeville vivre près de madame Verbois et de Prudence ; la jeune femme douloureusement affectée de cette décision, de cette marque d'indiférence en a long-temps reculé l'exécution, mais, ferme dans ses volontés l'époux l'a exigé impérieusement et Victorine, le cœur navré de douleur a quitté Paris qu'elle habitait en ce moment avec son époux pour retourner triste et seulette sous le toit de son enfance, épancher les chagrins et les craintes que lui inspirait le nouveau caprice de Léon, dans le sein d'une mère et d'une sœur chéries.

Monsieur et madame Brichard de retour à Paris avec Desroches, habitent cette ville depuis leur mariage, Annette toujours sage et jolie, s'est enfin habituée à son mari pour qui en revanche de beaucoup d'amour, des soins qu'il lui témoigne, elle en conçut un grand fond d'estime et d'amitié ; la jeune femme, dont les talens se sont perfectionnés, a pris en sus les manières du beau monde (des gens comme il faut) et de plus, un empire absolu sur son cher époux qui, sans cesse est à genoux devant ses moindres volontés. Ce dernier couple habite non loin de Desroches, auquel il n'a cessé d'être attaché par les liens de la plus vive amitié.

Quant à Desroches, ses deux années se sont écoulées, pour lui, dans l'ivresse et le bonheur, car, sa Juliette a grandi, s'est formée sous ses yeux ; il a veillé lui-même aux soins de son éducation et l'a perfectionnée. Nous l'avons dit, Juliette a atteint sa seizième année, elle est belle, belle comme la mère des amours ; puis, douce, caressante ; puis, elle chérit son bienfaiteur, de toute la force de son âme, elle habite avec lui, près de lui ; une femme honnête, d'un âge respectable, est sa dame de compagnie, guide ses actions, l'accompagne en tous lieux et, Mentor sévère, ne dicte à la jeune fille que les préceptes de la plus pure morale; aussi Juliette est-elle accomplie, belle, bonne et sage, on ne peut la voir sans l'aimer et la chérir.

Quoique fort jeune encore et non lancée dans le monde, dont Desroches, jaloux de conserver le plus long-temps possible la pureté de cette fleur précieuse, la tient éloignée; déjà plusieurs amans se sont déclarés, plusieurs occasions se sont offertes de marier, d'établir avantageusement notre jeune fille; mais, Desroches, avare d'un si précieux trésor, a sans cesse reculé l'instant funeste de s'en séparer et de confier à un autre, les droits chéris et précieux qu'il a sur lui; plus encore, chaque fois qu'un amant épris, lui a exprimé ses vœux, son martyre et le désir de posséder Juliette pour épouse, une main de fer a poigné le cœur du tendre Desroches, un frisson mortel a parcouru tout son être et le refus s'est échappé de ses lèvres avec aigreur et dureté.

Ce fut alors que, repoussée, déçue dans son espoir, cette foule de prétendans, dans sa mauvaise humeur, prodigua la raillerie et, sur le compte du meilleur des hommes, fit entendre des bruits injurieux. Selon eux, Desroches, aimait Juliette, c'était pour lui qu'il élevait cette charmante fille, dans laquelle il espérait trouver une maîtresse accomplie qu'il se serait attaché par la reconnaissance; plus encore, qu'il devait déjà exister entre le protecteur et la protégée un tendre commerce que trahissait l'extrême jalousie que laissait percer Desroches, dès qu'un aimable cavalier, adressait un regard, un mot à Juliette.

Mais, ces propos étaient-ils entièrement dénués de vraisemblance? hélas, non! car il n'était que trop certain que le bienfaiteur de la jeune fille n'avait pu rester insensible à tant de charmes, le cœur de Desroches, après mille combats livrés par l'honneur, avait succombé avec honte; oui, Desroches adorait Juliette ! Juliette, sa fille adoptive, un enfant de seize ans ; lorsque lui, comptait plus du double de cet âge ; lui, l'homme sage et prudent, n'avait su se défendre d'un feu délirant, que les grâces, les innocentes, mais trop redoutables caresses de la jeune sylphide avaient allumées dans son cœur.

Desroches dompté par une passion qui prenant chaque jour sur lui plus d'empire menaçait d'envahir sa raison, et dont le ridicule aveu en lui méritant sans nul doute le dédain de Juliette, détruirait tout le mérite de sa conduite passée ; Desroches donc faisant un effort surnaturel de vertu et renonçant à conserver près de lui et pour lui un objet aussi dangereux à son repos, avait subitement changé de système et, pour faire taire la critique injurieuse, résolu de marier Juliette au plus vite. Selon lui, de tous les prétendans qui s'étaient présentés jusqu'alors, aucun ne lui avait semblé digne de la possession d'un tel trésor, et pourtant parmi, ils en étaient de beaux, de riches et bien épris ; mais ces titres paraissaient peut-être trop redoutables au pauvre Desroches, chez qui ce sacrifice était bien loin d'éteindre l'amour et dont la secrète jalousie en cédant à une force majeure, se soumettait avec peine à donner un époux à Juliette. Enfin, il avait jeté les yeux sur Léonard, orphelin sur qui il avait veillé dès l'enfance, d'une conduite exemplaire, d'un physique agréable, dont la probité, l'intelligence avaient su gagner la confiance et l'estime d'un riche banquier de la capitale qui, à la recommandation de Desroches et moyennant une mise de fond avancée par ce dernier, avait consenti à associer le jeune homme pour un tiers dans les affaires et bénifice de sa maison. Léonard placé dans une belle position, était l'époux qui devait convenir à Juliette; avec lui, elle serait heureuse, heureuse pour la vie et, par cette union, Desroches, s'il faisait son propre malheur assurait du moins le bonheur de ses deux protégés, et la jeune fille n'en devenait encore que plus sacrée pour lui.

Les deux jeunes gens se connaissaient depuis long-temps, car Desroches, aimant à s'entourer des heureux qu'il faisait, les avait souvent réunis ensemble; mais Juliette aimait Léonard comme une sœur doit aimer un frère et, Léonard de son côté, la payait d'une amitié non moins vive, plus même; car l'étincelle d'un plus tendre sentiment était encore venu de la part du jeune homme, se mêler au premier, aussi, quelle joie n'éprouva-t-il pas, le soir, que, faisant un cruel effort sur lui-même, Desroches, l'entretenant en particulier, lui offrit la main de cette jeune fille si belle et si parfaite. D'abord, Léonard se crut sous l'influence du plus doux des rêves, lui qui, depuis long-temps, combattait de toute sa force une passion dont il n'attendait que douleur et larme ; lui, qui se croyait coupable de la plus indigne ingratitude en osant aimer, aimer d'amour, la fille adoptive de son bienfaiteur. Oh ! il serait mort mille fois avant d'adresser un mot, un regard qui laissait comprendre à Juliette tout ce qu'il y avait d'amour, de tourment dans son cœur ; aussi, après avoir écouté attentivement l'offre généreuse et inattendue qui venait de tinter à son oreille, un doux frémissement s'empara de tout son être, des larmes vinrent mouiller sa paupière, et tombant aux genoux de Desroches, prenant sa main et la couvrant de caresses :

— Ah! l'ai-je bien entendu, moi! possesseur de Juliette! moi, digne d'un pareil trésor! Mais, qui êtes-vous donc? un Dieu protecteur sans doute? pour déverser sur moi, humble créature, toutes les félicités du ciel; pour posséder tant de générosité; qu'ai-je donc fait pour être digne de tout le bien dont vous me comblez? Hélas! jamais, non jamais il ne me sera possible de m'acquitter envers vous, oh! mon ami, oh! mon père; mais demandez donc ma vie, exigez quelques sacrifices de Léonard; faites donc enfin qu'il puisse vous prouver autrement que par des phrases, combien son cœur renferme de reconnaissance.

— Ce projet d'union te rend donc bien heureux, Léonard? avait repris Desroches, en relevant le jeune homme.

— Oh! cent fois plus qu'il n'est permis de l'exprimer; hélas! l'espoir était si loin de mon cœur, et Juliette est si belle!

— Quoi, l'aimerais-tu d'amour ?

— Plus, je l'adore et la vie, sans elle, eût été pour moi une vallée sans fleurs, une douleur éternelle.

Et, Desroches, en recevant cet aveu sentit son cœur se briser dans sa poitrine, mais ferme et noble jusqu'au bout :

—Cesse donc d'aimer sans espérance, Léonard, oui, je te donne Juliette; bientôt elle sera ton epouse; hâte-toi de me seconder dans les préparatifs de cet hymen; car, je souhaite qu'il s'accomplisse au plus vite.

Après avoir dit ces mot d'une voix émue, Desroches congédia le jeune homme, puis, ayant donné à ses sens le temps de se remettre, il fit appeler Juliette à qui il n'avait encore rien fait connaître concernant ces projets d'union ; d'abord, Desroches avait longuement entretenu la jeune fille avant d'aborder le chapitre du mariage; et lorsqu'enfin il eut cité Léonard comme l'époux qu'il désirait lui donner très prochainement, le désespoir de Juliette n'avait plus eu de borne, et l'on a vu, plus haut, combien elle avait rejeté avec force une union qui devait la séparer du bienfaiteur de son enfance.

Resté seul, après avoir vu s'éloigner la jeune fille, Desroches poussa un douloureux soupir; puis demeura long-temps plongé dans une profonde et amère réflexion.

Puis enfin, paraissant surmonter l'anéantissement dans lequel il était tombé :

—Fou! homme sans force! sans énergie! s'écria-t-il subitement, quittant son siège et se mettant à parcourir la chambre à grands pas, à quarante ans, aimer un enfant! Moi, amoureux de Juliette! de ma fille d'adoption! ah! c'est infâme! Oui, oui j'aurais! le courage de m'en séparer, de renfermer dans le fond de mon âme un secret dont la connaissance attirerait sur ma tête le blâme de tous les gens sensés; non, Juliette, non, pour prix de quelques bienfaits, je n'exigerai point le sacrifice de ta vie; toi, si bien faite pour connaître l'amour et ses charmes; je n'imposerai point pour époux, à ta tendre jeunesse, un homme à qui son âge permet de te donner le doux nom de fille; sois heureuse sur le sein d'un jeune mari, reçois ses caresses prodigue-lui les tiennes; connais enfin le bonheur d'aimer et d'être aimée; car, celui à qui Dieu t'a confiée, sur cette terre, pour t'élever et te rendre digne du ciel, ne déshonorera pas sa mission en abusant de ses droits à ta personne.

Le lendemain de cette dernière soirée, dix heures avaient sonnées, et Juliette, contre sa coutume, n'était point encore descendue de son appartement pour venir embrasser son ami qui, inquiet de cette absence, envoya demander des nouvelles de la jeune fille :

— J'ignore, monsieur, ce que peut avoir la pauvre enfant, mais elle n'a fait que pleurer la nuit entière et n'a pas fermé les yeux ; ce matin elle repose un peu et je n'ai pas trouvé convenable de troubler son sommeil, répond la vieille dame de compagnie aux questions de Desroches ; après être descendu près de lui selon ses ordres.

— Juliette triste, malade ; remontez près d'elle, madame Bodin, et venez m'avertir aussitôt qu'elle sera éveillée, dit Desroches.

Puis, la dame en s'éloignant se rangea pour laisser passage à Léonard qui arrivait au même moment.

— Toi, Léonard, si matin ?

— Oui, c'est Léonard qui accourt près de son meilleur ami, pour entendre encore une fois sa bouche lui confirmer son bonheur ; puis ensuite saluer la belle Juliette et chercher à lire, dans ses beaux yeux, s'il peut espérer de sa part un peu d'amour en échange de celui qu'elle lui inspire avec tant d'ardeur.

— Elle a passé, dit-on, une fort mauvaise nuit, à ce que je viens d'apprendre, répond Desroches, s'efforçant de dissimuler la contrariété que lui fait éprouver l'empressement du jeune homme.

— Quoi! elle souffre, ah! ne pourrais-je la voir, fut-ce un seul instant? répond Léonard avec intérêt.

— Je le pense, et j'ai donné l'ordre qu'on l'avertisse à son réveil de descendre près de moi.

— Parlez, monsieur, dites-moi en attendant son aimable présence, si Juliette approuve cette union, si, sans contrainte, sans regret, elle consent à s'unir à moi!

— A parler franchement, mon cher Léonard, Juliette semble redouter ce mariage, hésite même à y donner son consentement et me gronde d'avoir eu la pensée de disposer de sa main; mais, c'est à toi, mon ami à t'efforcer de vaincre ses scrupules, à rassurer sa pudeur par de douces paroles, à familiariser son innocence avec des mots d'amour ; enfin, à lui faire désirer et accepter un lien, que tu lui présenteras sous des fleurs.

— Oui, je dois tout entreprendre pour la posséder, pour me faire aimer d'elle et la rendre heureuse, bienheureuse !

Encore une demi-heure d'entretien sur ce sujet; puis, la porte s'ouvrit et Juliette, pâle, les yeux abattus, parut aux yeux de Desroches et de Léonard; ce dernier à sa vue sent son cœur battre de de crainte et de joie, et quittant son siège, court au-devant de la jeune fille qu'il prend par la main et amène près de leur ami commun :

— Eh bien! Juliette, tu es donc indisposée, mon enfant?

— Oh! rien, presque rien, répond-elle en déposant un baiser sur la joue de Desroches.

— Voici Léonard, ton ami d'enfance, ne lui diras-tu rien? reprend Desroches en prenant le menton de Juliette, et la forçant de lever ses yeux qu'elle tenait baissés.

— Bonjour, bonjour, Léonard, puis elle lui tendit la main que le jeune homme pressa tendrement dans la sienne...

Ici, s'établit un moment de silence, la présence de bienfaiteur paralysait la galanterie de Léonard, et son désir brûlant d'entreprendre aussitôt la tâche bienheureuse que venait de lui imposer Desroches. Juliette, ordinairement si rieuse, si confiante avec Léonard, n'ose à peine le regarder depuis qu'il a perdu à ses yeux le titre de frère, pour aspirer à un autre beaucoup plus ambitieux ; quant à Desroches, son cœur bat avec violence, ses regards en cachette se repaissent du charme d'admirer la jolie fille qu'il adore et qu'un devoir impérieux, une sage précaution le forcent de confier aux soins et à l'amour d'un autre.

— Juliette, dit enfin Léonard, pressant doucement la main de la jeune fille qu'il tient encore dans la sienne ; pourquoi vos yeux se détournent-ils des miens, que vous-ai je fait, ma douce amie, ne suis-je plus votre Léonard, celui que vous traitiez en frère et dont la présence provoquait sans cesse votre aimable sourire ?

— Oh! oui, je vous aime toujours comme un frère, Léonard ; mais aujourd'hui, daignez excuser le caprice et la souffrance de celle que vous dites chérir si tendrement et à qui vous ne causâtes jamais le moindre chagrin.

En disant ces derniers mots, Juliette, d'un petit air boudeur, venait de fixer Desroches; ce geste fait sourire le bienfaiteur qui à son tour, captivant l'attention de la jeune fille et faisant sur lui-même un effort surnaturel lui dit:

— Juliette, ce reproche que vous adressez indirectement à votre meilleur ami, aurait droit de l'affecter si, le désir d'assurer votre bonheur avenir, n'était la seule cause des larmes qu'il vous fit répandre hier pour la première fois.

— Vous, monsieur, avoir fait pleurer Juliette, est-ce possible?

— Hélas! oui, Léonard et cela, en lui annonçant qu'elle était en âge d'entrer en ménage, et que bientôt...

— Il me faudrait m'éloigner de vous, monsieur, dit Juliette vivement et interrompant Desroches, comme si cela était possible à celle qui vous doit tout, soins, éducation, fortune, et que vous comblâtes de toute la tendresse du meilleur des pères, enfin! à celle qui, heureuse de vous voir et de vous entendre chaque jour, ne formait d'autres vœux que de prolonger éternellement un bonheur qui fait sa joie et son ivresse.

— Qui parle de t'éloigner de moi, mon enfant? reprend Desroches d'une voix émue et ayant peine à dissimuler l'impression occasionée par les paroles que vient de prononcer Juliette, détrompe-toi, en t'unissant à l'époux dont j'ai fait choix, je réclamerai de lui la promesse de ne point me ravir ta présence, et celle de te voir chaque jour et à toute heure; n'est-ce pas, Léonard, qu'il ne pourra me refuser ce bonheur, l'heureux mortel qui recevra de ma Juliette, et son cœur et sa main?

— Le pourrait-il lui, qui vous devrait tout? oh! non, car son vœu le plus cher, sera, j'en suis certain, de vivre sans cesse près de vous, de seconder sa jeune et belle épouse dans les soins, les prévenances qu'imposent l'amitié et la reconnaissance envers le meilleur des hommes. En ce moment, Germain le vieux, l'ancien serviteur, vient prévenir son maître que quelqu'un l'attendait dans son cabinet pour une affaire importante, et Desroches profita aussitôt de cette circonstance pour laisser un instant les deux jeunes gens en tête-à-tête.

Juliette restée seule avec Léonard, garde un profond silence, et les yeux baissés, chiffonne entre ses doigts le coin de son mouchoir, le jeune homme la fixe sans non plus proférer un mot, mais un soupir s'échappe péniblement de sa poitrine, en voyant combien Juliette est froide et changée à son égard depuis qu'entre eux, il est question d'hymen.

— Juliette, dit-il enfin, au nom du ciel, ma sœur, mon ami! apprenez-moi, d'où naît le cruel changement que je remarque en vous, hélas! Léonard a-t-il eu le malheur de vous déplaire? ah! je ne le devine que trop, ce mot mariage, prononcé hier par notre ami, commun vous afflige et vous effraie; Juliette ne trouve pas Léonard digne du don précieux de sa main, et sa bouche n'osant à haute voix le lui avouer, confie à son indifférence le soin de répondre pour elle.

— De grâce, Léonard, ne me parlez point ainsi, ne m'accusez pas d'indifférence, et laissez à la pauvre Juliette avant qu'elle ne réponde le temps d'interroger son cœur, et de savoir si elle-même est vraiment digne à son tour de vous appartenir, de faire votre bonheur.

— Juliette capable de me rendre heureux!

ah! pourrait-elle en douter un instant, oui, oui! avec elle le bonheur, la vie, toutes les jouissances du ciel et loin d'elle, la douleur et la mort!

— Assez, assez de ce langage, oh! je vous en conjure, Léonard, et si véritablement vous estimez votre sœur, reprenez envers elle celui que vous eûtes toujours, d'un frère enfin.

— Frère de Juliette! ce titre est bien doux, mais hélas! qu'il devient froid, insuffisant, lorsque celui qui le possède par l'amitié, aspire à celui d'époux, Juliette! Juliette! je vous en supplie! un mot, un seul mot de votre bouche gracieuse, oh! répondez, Léonard est-il aimé de vous, que doit-il espérer?

— Une estime, une amitié de toute la vie, reprend la jeune fille confuse et embarrassée.

— L'estime! l'amitié! ces titres sont bien

flatteurs, mais hélas! mon cœur ambitieux est loin de s'en contenter, oh! dites, dites, ne lui donnerez-vous pas le droit d'en mériter un plus précieux encore ?

— Léonard! ah! qu'exigez-vous ? attendez, car, le sentiment qui donne droit au titre que vous réclamez, s'inspire, mais ne se commande pas.

— Oui, oui! et mille fois heureux, celui à qui ce bonheur sera réservé, s'écrie Léonard avec feu. En ce moment, rentra Desroches, et Juliette émue, et tremblante, lui demanda aussitôt la permission de se retirer sous le prétexte qu'elle se sentait indisposée, et sur la réponse du bienfaiteur, elle salua Léonard et sortit de l'appartement.

— Ah! monsieur, que je suis malheureux, Juliette ne m'aime pas, hélas! je ne le devine que trop, à la froideur qu'elle me témoigne actuellement, s'écrie Léonard d'un accent désespéré, après avoir vu s'éloigner la jeune fille.

— D'amour, peut-être pas encore, mais laisse au temps à ta persévérance, le soin de conquérir son cœur, répond Desroches.

— Non, non! elle ne m'aimera jamais, vous dis-je, et cette union qui fait ma plus douce espérance, ne doit pas s'accomplir.

— Quelle idée, pourquoi donc ainsi désespérer, Juliette a-t-elle repoussé l'hommage de ton cœur?

— Hélas! si sa bouche n'a point prononcé ce cruel refus, ses yeux où se peignaient la plus froide indifférence, la gêne et la contrainte m'en disaient assez, non, il n'est point permis au pauvre Léonard d'espérer à une si douce possession.

— Enfant, qui s'alarme et se décourage au premier choc, allons! ranime ton ardeur, et sans tenir compte des caprices d'une jeune fille, efforce-toi de vaincre ces scrupules pudibonds, enfin, à les rendre dociles à tes vœux, d'enlever un cœur qu'à cet âge, il est si difficile de défendre contre les mielleuses paroles et les tendres attaques d'un jeune homme de ton âge et de ta tournure. Quant à moi, Léonard, qui verrais avec joie mes deux enfans unis par un tendre lien, je me charge de plaider ta cause près de Juliette, de lui retracer tes qualités essentielles et de lui prédire dans votre union, bonheur et félicité. Oh! merci, merci, le plus bienfaisant des hommes, le meilleur des amis, oui, c'est en vous que votre fils d'adoption place toute sa confiance et son espoir, parlez, parlez pour moi, dites-lui, que depuis long-temps je l'adore en silence, que rien au monde ne me sera doux sans elle; qu'en Léonard, elle trouvera l'époux le plus aimant, le plus tendre; que ma vie s'écoulera à embellir la sienne.

— Oui, oui, je lui dirai tout cela, je te le promets, Léonard, va, compte sur ma parole, mon ami, et laisse-moi dès cet instant, libre d'entreprendre la tâche que je m'impose en ta faveur. Léonard quitta donc le siège qu'il occupait près de Desroches, puis, ayant pressé la main de son bienfaiteur, il s'éloigna après la promesse d'un prompt retour.

Juliette après avoir quitté Desroches et Léonard, avait aussitôt regagné sa chambre où seule et enfermée, elle donnait un libre cours à des larmes abondantes.

— A un autre! moi à un autre, oh! jamais, jamais, il ne sait donc pas que sa Juliette ne peut aimer que lui, que de s'en séparer serait pour elle le coup de la mort? Oh! mon bienfaiteur! pardonne à ta pauvre Juliette, d'oser brûler d'amour pour celui qu'elle devrait respecter et aimer d'une amitié chaste, mais hélas! ai-je été maîtresse de rester froide à tes douces et pures caresses ; à l'aspect de tes vertus en te voyant chaque jour et à toutes heures m'inonder de tes bienfaits? Impossible! je t'admirais d'abord, puis dans tes yeux, les miens puisèrent cet amour dévorant, éternel, qui aujourd'hui fait mon bonheur le plus cher et le tourment de ma vie. Ah! comment donc te faire comprendre tout ce que j'éprouve de joie et de souffrance? comment donc t'apprendre cette passion brûlante, que mes lèvres n'osent t'avouer, qui peut-être est un crime, que tu condamneras et tu feras mépriser la pauvre fille? En murmurant ainsi, Juliette laissait échapper de son sein de douloureux soupirs, et sa main armée d'un petit médaillon renfermant le portrait de Desroches, portait tour à tour cette image chérie de son cœur à ses lèvres.

Un léger coup frappé sur la porte vint troubler sa solitude, et en l'effrayant, lui faire cacher vivement dans son sein, le portrait de celui auquel elle adressait en ce moment de si tendres caresses et de si douces paroles; enfin, un peu remise de son émotion, Juliette court ouvrir à Desroches lui-même, en le voyant, elle rougit et pâlit tour à tour; ses jambes ont peine à la soutenir, et l'ami témoin de cet état de faiblesse, s'empresse de la soutenir et de la reconduire sur le siège qu'elle vient de quitter.

— Encore indisposée, ma Juliette! demande Desroches avec intérêt, en caressant de sa main le front brûlant de la jeune fille.

— Oui, je souffre et beaucoup!

— Pauvre enfant! mais il faut aussitôt mander le médecin...

— Inutile, reprend Juliette en retenant Desroches qui se disposait à sonner Germain pour l'envoyer chez l'homme de l'art.

— Pourquoi inutile, si tu te sens mal, ma Juliette, ne faut-il pas te secourir?

— Laissez, laissez, mon ami, celui qui seul peut me guérir est près de moi.

— Je ne te comprends pas, enfant.

— C'est qu'il n'y a que vous qui possédez le remède à ma souffrance qui, d'un mot, pouvez la faire cesser.

— Explique-toi donc plus clairement, Juliette, hâte-toi, au nom du ciel; car, si je possède ce précieux privilège, je ne puis mieux l'employer qu'en rendant la santé et la joie à ce qui m'est le plus cher au monde; parle, je t'écoute...

— Mon ami, mon bienfaiteur, rendez donc le bonheur et la santé à votre fille en renonçant à une union dont la seule pensée la rend la plus malheureuse des femmes.

— Encore! est-ce possible? Ah! Juliette,

que tu es peu raisonnable ! pauvre Léonard, lui si sensible, si aimant, le haïr ainsi !

— Moi, haïr Léonard! oh! non, loin de mon cœur un tel sentiment à son égard, je l'aime au contraire, mais comme un frère, un ami ; oui, je rends hommage à ses nombreuses et excellentes qualités, je suis certaine qu'avec lui, une épouse trouvera le bonheur et la paix, et cependant je ne puis être la sienne ; jamais ! jamais !

En prononçant ces derniers mots avec énergie, Juliette fondit en larmes, Desroches resta quelques instans sans parler et à examiner attentivement les traits de la jeune fille :

— Juliette, dit-il, ton cœur aurait-il fait un autre choix? Parmi cette jeunesse brillante que souvent nous rencontrons dans le monde, se serait-il trouvé un mortel assez heureux pour être préféré de toi?...

— Non, non, je n'aime et ne veux point

aimer, mais de grâce! pourquoi me tourmenter ainsi? je ne veux pas me marier ; je ne veux pas d'époux ; mais bien vivre près de vous, toujours près de vous, telle est mon ambition, mon unique vœu et mon plus grand bonheur !

— Près de moi! toujours près de moi! oh! Juliette, Juliette, cela est impossible ! oui, il faut t'éloigner, accepter un époux ; ne le refuse pas, je t'en conjure, car il s'agit de ton repos, de ton bonheur, Juliette ! Ah ! prends pitié de moi!

En disant, Desroches, s'efforçait de détacher les bras de la jeune fille qui enlaçaient son cou, à repousser sa tête qu'elle tenait penchée sur sa poitrine; mais elle, suppliante et désespérée, s'attachait encore avec plus de force sur ce sein qu'elle faisait battre avec tant de violence ; enfin, Desroches, succombant sous le poids de son émotion, sans plus de force pour résister, abandonne son visage, ses mains aux caresses nombreuses dont les inondent les lèvres de Juliette. Quel moment! que ces caresses sont délirantes! que de charmes précieux Desroches tient en sa puissance! qu'il lui serait facile de toucher au bonheur suprême! de ternir cette fleur innocente, abandonnée, molle et sans force, sur son sein; qu'il lui faut de courage, de vertu, pour résister; mais, cette même vertu est-elle inébranlable et à l'abri d'une si violente et dangereuse séduction? peut-être non! car, enivré, la tête perdue, plein d'amour, de désir, Desroches semble fléchir; par un fatal hasard, sa bouche vient de rencontrer celle de Juliette, d'y déposer un baiser, contact funeste! qui embrase, dévore l'un et l'autre. Adieu, sage résolution, efforts inouis, l'homme vertueux va succomber, de telles épreuves sont au-dessus de son courage et de sa volonté; déjà il étreint la jeune fille, inonde son sein de brûlantes caresses; elle, morte, anéantie, s'abandonne, sans défense, sans force, à l'heureux, mais coupable, séducteur; le sacrifice va-t-il se consommer? Desroches, va-t-il perdre en un instant tout le fruit d'une conduite honorable, d'une noble bienfaisance?

Hélas!..... Mais, on frappe à la porte et ce léger bruit suffit pour ramener la raison chez l'homme égaré. Alors, Desroches se lève vivement, dépose Juliette, sans connaissance sur un siège et, honteux, épouvanté, s'enfuit par une porte dérobée, gagne un couloir qui, après maints détours, le conduit à son appartement.

—Horreur et infamie! s'écrie-t-il en tombant sur une chaise et de son poing se frappant le front avec violence, moi! prêt à séduire un enfant, est-ce possible? Malheureux!

qu'allais-je faire ?. la deshonorer ! lui faire payer à ce prix un asile et quelques soins ! oh ! mon Dieu ! mais en ce moment, vous m'aviez donc abandonnée et ôté la raison ? Ah ! comment réparer cette faute, ce crime infâme ? Juliette ! pauvre Juliette ! non, tu n'es plus en sûreté sous le toit de celui qu'avec orgueil tu nommais ton père, fuis, fuis, pauvre enfant ! car, cet homme, en abusant de ta faiblesse, enflammé par tes innocentes caresses, a voulu te rendre indigne, profaner ton corps et un jour, peut-être, il accomplira ce crime... Oh, oui ! tu quitteras cette demeure, où, pour toi, il n'y a plus de sûreté; en vain tu repousserais plus long-temps l'époux que je te destine, ce mariage doit s'accomplir, il le faut et de suite.

Hors de lui, Desroches, se place à son bureau, saisit sa plume et écrit ces mots à Léonard :

« Plus de crainte, plus d'incertitude pour toi, pour ton amour, mon cher Léonard, Juliette sera ton épouse, je le veux, si chez elle le cœur n'a pas encore parlé en ta faveur, ton amour, tes prévenances, tes caresses, feront naître en elle ce tendre sentiment; accepte donc sa main sans plus tarder, je te la donne, te confie le soin de la rendre heureuse, ne redoute plus un refus de sa part, car j'attends dans sa soumission à ma volonté, la récompense de mes bienfaits pour elle; hâte-toi donc, mon ami, d'entreprendre aussitôt les démarches nécessaires et indispensables à votre prochaine union. »

Cette lettre terminée, ployée, est aussitôt envoyée à son adresse; puis se remettant de nouveau à écrire, Desroches, trace ces lignes à Juliette :

« Ne repousse pas la prière de ton meilleur ami, ô ma Juliette ! et, soumise à ses désirs, ne persiste point davantage à repousser l'époux,qu'il t'offre en ce jour. Ce mariage devient indispensable, il est mon vœu le plus ardent, le port où ta vertu, sous l'égide d'un époux protecteur, sera garantie de tous dangers. Un nouveau refus de ta part, affligerait ton père adoptif qui, jaloux d'assurer un sort heureux à sa fille chérie et de la conserver pure et sans tache, en appelle à sa soumission. Oui, si tu m'aimes, ma Juliette, si tu tiens à voir souvent ton meilleur ami, à vivre encore près de lui, ne le contrains donc pas, par un plus long refus, à fuir ta présence, à s'exiler loin de toi, et peut-être pour toujours. Ce sacrifice serait affreux à mon âme, ô ma Juliette! cesse donc de me l'imposer et, docile à mes volontés, deviens l'épouse de Léonard. »

Une heure après, Juliette, seule et enfermée dans sa chambre, parcourait cette lettre pour la troisième fois, ses yeux versaient alors un déluge de larmes et son sein s'agitait avec violence. Enfin, cet écrit fatal vient de s'échapper de ses mains, et la jeune fille en les croisant et les levant vers le ciel avec ferveur :

— Oh! mon Dieu! dit-elle, puisqu'il le veut absolument, puisque cet affreux sacrifice, cette union que je déteste, sont utiles à son repos, donnez-moi la force d'obéir sans expirer d'amour et de douleur; lui, s'éloigner de sa Juliette, ou la donner à un autre ; ah! il ne veut donc pas deviner le secret de mon cœur? ni s'apercevoir que je l'aime de toute la force de mon âme, que, sans lui, sans son amour, la vie m'est odieuse et à charge? mais non, il me sacrifie, m'en impose un autre pour amant, pour époux, il me bannit enfin loin de sa personne, m'arrache tout espoir de bonheur et de félicité, et me donne la mort en échange de tout un amour qu'il dédaignerait sans doute, si, honteuse et tremblante, j'osais à ses pieds en faire le pénible et doux aveu!... Hélas! quoi donc le force à me sacrifier, à rompre cette existence toute de bonheur qui s'écoulait entre nous? Ah! une autre peut-être a su le captiver mieux que la pauvre Juliette et mériter un amour dont je paierai un instant du partage de ma vie entière? oui je devine! maintenant ma présence le gêne, elle éloigne celle de la femme qu'il me préfère, et il me chasse le cruel! pour appeler sans doute près de lui cette autre dont les caresses lui semblent plus douces et plus précieuses que les miennes... N'importe! j'obéirai, pour qu'il ne s'éloigne pas, pour qu'il me soit au moins possible de le voir et de l'admirer jusqu'au jour où, le désespoir et l'aspect du bonheur de ma rivale me donneront la mort.

Cela dit, Juliette prend aussi la plume et, d'une main tremblante, trace au bienfaiteur son adhésion au mariage qu'il désire et cet écrit, encore tout humide de larmes, après avoir déchiré le cœur de Desroches, tout en satisfaisant sa volonté, porta le soir même, la joie et l'ivresse dans l'âme de Léonard.

XVI.

PEINES SECRÈTES.

Deux jours après, Desroches et Léonard s'entretenaient d'affaires importantes, concernant le prochain mariage, tandis que Juliette plus pâle qu'un lis, les yeux baissés et couverts d'une forte teinte de tristesse, s'occupait sans mot dire, d'un ouvrage en broderie que confectionnaient ses jolis doigts, lorsque la porte de l'appartement s'ouvrit pour donner passage à M. et madame Brichard qui venaient visiter leurs amis.

— Bonjour tout le monde, dit Brichard en prenant une chaise, et venant se placer près de son cousin et de Léonard, tandis qu'Annette allait de même s'asseoir à côté de Juliette, à qui sa présence semblait arracher un sourire de satisfaction.

— Il y a long-temps que nous ne nous sommes vus, mes amis, dit Desroches aux nouveaux venus.

— C'est vrai, nous vous avons négligé quelque temps, ma foi, ce n'est pas notre faute, mais celle du papa et de la maman Grincheux, à qui il a pris fantaisie de quitter leur village de Noisy pour venir nous faire une visite à

Paris; il nous a fallu conduire les bonnes gens de promenade en promenade, de spectacle en spectacle; enfin leur en faire voir de toutes les sortes, puis, éblouis, enchantés, émerveillés, les renvoyer ensuite à leur toit champêtre, vers lequel ils sont en route depuis ce matin seulement; libre alors, nous nous sommes empressés madame Brichard et moi, d'accourir vers les intimes pour leur faire part d'une grande et triste nouvelle reçue hier seulement.

— Quelle est cette nouvelle, hâte-toi de nous l'apprendre ? dit Desroches, interrompant vivement Brichard.

— Celle de la mort subite de madame Verbois.

— Madame Verbois est morte !!! pauvre Prudence ! s'écrie douloureusement Desroches.

— Oui, pauvre Prudence, dit à son tour

Annette, car le désespoir que lui a causé cette perte, a paralysé ses facultés au point de lui faire oublier d'écrire ce malheur à ses meilleurs amis. Quant à Victorine, occupée à courir après son mari, dont elle ne recevait pas de nouvelles depuis long-temps, la chère petite, absente du toit maternel lors de cet évènement funeste, n'a pu nous en instruire qu'hier seulement par une lettre que voici, datée de Rouen, où elle habite en ce moment, en attendant le retour de Léon.

— Chère Prudence! ah! que j'ai hâte de courir te consoler! s'écrie Desroches avec l'expression du plus vif intérêt, et cette acclamation retentit péniblement au cœur de la triste et jalouse Juliette; car son visage qui, un instant avant, en voyant Annette, avait un peu perdu de sa tristesse, reprit aussitôt une teinte rembrunie, son regard se fixa douloureusement sur Desroches, et un soupir s'exhala de son sein.

— Eh bien! quand la noce, Léonard? quel jour devenons-nous maître et seigneur de la gentille Juliette, de cette rose à peine éclose; s'est-elle enfin décidée à prononcer le oui solennel? dit Brichard s'adressant brusquement aux deux jeunes gens, et accompagnant ces paroles d'un gros rire.

— C'est à ma Juliette, monsieur, à fixer ce moment fortuné et à prendre pitié de mon impatience, répond Léonard.

— Allons, petite chérie, parlez, quel jour nous faut-il commander les violons? reprend Brichard.

— Taisez-vous donc, monsieur, ne voyez-vous pas que c'est hilarité, et vos indiscrètes paroles fatiguent cette chère Juliette, dit Annette à son mari, en s'apercevant de l'embarras où ces questions plongent la jeune fille, et auxquelles elle ne répond qu'en pâlissant et rougissant tour à tour.

— Cependant, madame Brichard, je ne pense pas être indiscret dans mes demandes, en entretenant cette jeune personne, de son heureuse et future union.

— Pardonnez-moi, monsieur, une demoiselle bien élevée est toujours intimidée lorsqu'on lui parle mariage devant des témoins.

— Mais, madame, vous ne paraissiez pas l'être le moins du monde, lorsque dans les bosquets de Blancourt, nous jasions ensemble de celui qui devait m'assurer votre gracieuse possession.

— Oh! ce n'était pas comme vous dites fort bien, monsieur, la timidité qui s'emparait alors de tout mon être, mais une douleur bien vive, car ne vous en déplaise, vous étiez loin d'être l'époux de mon choix.

— Heureusement, ma chérie, que depuis ce temps vous êtes entièrement revenue de vos préventions.

— Tout-à-fait, monsieur, car vous êtes le meilleur homme du monde, il faudrait être la femme la plus ingrate pour ne point aimer celui qui déverse sur nous, tout le bonheur dont on peut jouir dans la vie. Ce compliment flatteur valut à Annette un doux sourire et un gros baiser de son époux, qui malgré la défense, n'en persista pas moins à s'informer de l'époque de l'union des deux jeunes gens.

— Dans quinze jours, fit entendre Desroches avec effort, oui, dans quinze jours au plus tard.

Et la tête de Juliette, tomba languissante sur son sein.

— Mais, reprend Desroches, ce n'est point à Paris, mais bien à Blancourt que je désire voir ce mariage s'accomplir, ainsi donc Brichard, et vous, ma chère Annette, disposez-vous donc à nous accompagner dans trois jours, j'espère que le retour du printemps nous rendra à tous, ce voyage agréable, puis, nous serons près de Prudence, il nous sera permis alors, de la distraire de son chagrin, de sécher ses larmes, et de lui tenir lieu de la famille qu'elle a perdue.

— Prudence! Prudence! toujours elle, pense Juliette en soupirant. Brichard et sa femme acceptent l'offre avec empressement et joie, le premier surtout, se promet le doux plaisir de courtiser en cachette les jolies filles du pays, de faire cent victimes de sa scélératesse. Desroches invite Annette à vouloir bien guider Juliette dans le choix et l'acquisition des objets de parures nécessaires à une mariée, puis la conversation roule long-temps sur différens sujets entre Desroches, Brichard et son épouse, tandis que Léonard qui a rejoint Juliette dans l'embrasure d'une croisée où la jeune fille est allée cacher ses larmes, s'inquiète du sujet de sa tristesse, et peiné lui-même d'une indifférence qu'il ne remarque que trop, cherche à captiver la jeune fille par un tendre langage, et à lui faire partager le sentiment qu'il éprouve.

Juliette est assise près de Léonard, écoute ses douces paroles, les sermens qu'il lui fait d'un amour éternel; mais hélas! quoi répondre à de tels discours lorsque le cœur y reste insensible

— Juliette, Juliette! vous ne me répondez pas, cruelle! vos yeux même se détournent des miens, et lorsque de votre part, j'implore un peu d'amour que je paierais de ma vie, loin d'avoir pitié de mon martyre, vous semblez me priver encore de cette amitié de sœur que jadis vous déversiez sur moi avec tant d'épanchement.

— Oh! pardon, pardon Léonard, car je vous aime toujours comme un frère, un ami, ah ! excusez ma froideur, mes caprices, ne me haïssez pas, et prenez pitié de moi….

— Quel langage ! pense Léonard avec tristesse en fixant Juliette qui en ce moment, semble en proie à la plus vive agitation, Juliette, continue-t-il, je crois être bien heureux puisque vous m'acceptez pour époux, mais hélas ! je lis avec crainte dans vos yeux, que ce choix n'est pas celui de votre cœur, mais bien de l'obéissance. Ah ! parlez sans crainte au pauvre Léonard, dites qu'une union avec lui, vous rendra malheureuse, que vous ne l'aimez pas, qu'il doit pour vous plaire, renoncer au bonheur suprême, alors dût-il lui en coûter la vie, il obéira sans murmurer, ni cesser de vous adorer en silence… Juliette ! au nom du ciel ! que puis-je donc espérer ?…

— Devenir mon époux, fait la jeune fille en tendant la main à Léonard.

— O bonheur ! mais Juliette, est-ce sans

contrainte et guidé par le cœur que vous m'enivrez ainsi de ce doux espoir ?

Et les lèvres de la jeune fille, murmurèrent en réponse à cette demande, un oui, mais un oui bien faible.

N'importe ! ce mot heureux a vibré jusqu'au cœur de Léonard, la remplit de joie, car, dans son ivresse, le jeune homme a porté au même instant à ses lèvres, la main jolie qu'il tenait dans la sienne.

— Ah ! bien, très bien ! absolument comme moi, lorsque je courtisais madame Brichard, s'écrie subitement l'époux d'Annette, qui de loin a surpris Léonard : continue, mon ami, ne te gêne pas, une aussi charmante menotte, en demande mille pour un.

— Quoi donc ! demande Desroches, qui ne s'est aperçu de rien.

— Parbleu ! une chose fort naturelle, un baiser donné par un amant heureux, et reçu sans résistance, répond en riant Brichard.

— Un baiser! exclame Desroches d'une voix forte mais émue.

— Parbleu! oui, et un délicieux encore, qu'y a-t-il de surprenant en cela, allons, allons, ces jeunes gens s'aiment, s'idolâtrent, et sont véritablement faits l'un pour l'autre ; dépêchons ce mariage, Desroches, car ces deux enfans meurent d'amour.

— Silence donc, Brichard! votre langage est d'une inconvenance outrée, s'écrie Desroches hors de lui, et quittant brusquement la place qu'il occupe pour se promener à grands pas dans la chambre, et s'approchant de Léonard et de Juliette, après un moment accordé à son agitation : oui, bientôt vous serez unis, vos vœux seront satisfaits, leur dit-il d'un ton presque mêlée d'amertume et appuyant fortement sur chaque mot.—Oh! merci cent fois, mon digne bienfaiteur, répond Léonard à qui l'ivresse, la joie, empêchaient de remarquer l'émotion de Desroches; quant à Juliette, ses grands yeux se sont levés tristes et armés de l'expression du reproche, puis une larme s'en est échappée. Mais parmi les témoins de cette scène, un seul en a compris le sens, a su lire au fond du cœur, et celui-là n'est autre qu'Annette, écouteur attentif, dont les regards d'abord frappés de la contrainte, de la tristesse empreinte sur la physionomie de chacun, n'ont cessé d'épier et de saisir attentivement les diverses expressions de joie, de douleur et d'impatience qui s'y manifestaient. Alors Annette avait soupiré tout bas, pauvre Juliette! et ce mariage projeté, ne lui avait plus paru possible.

L'heure du soir s'avançait, depuis la brusque sortie adressée à Brichard par Desroches, ce premier, de mauvaise humeur, n'avait plus fait entendre une seule parole, la conversation s'était donc concentrée à voix basse, entre Annette et les deux jeunes gens, car Desroches, tombé dans une profonde rêverie, s'était retiré à l'écart, or donc! le signal du départ ne se fit guère attendre, et après s'être entendu de nouveau pour le voyage projeté qu'on devait faire en compagnie, être convenu que les trois jours qui restaient encore à s'écouler d'ici-là, seraient consacrés aux emplettes et préparatifs nécessaires en pareilles circonstances, on se sépara, Léonard plus épris que jamais, Brichard extrêmement vexé que son langage ait été taxé d'inconvenance, et Annette la tête pleine de tristes pensées, enfantées par le vif intérêt et la tendre amitié qu'avait su lui inspirer Juliette.

XVII.

ENCORE ABBEVILLE.

Plusieurs jours se sont écoulés, et voilà de nouveau nos héros courant sur la route d'Abbeville et celle de Blancourt : cette fois, nul accident dans le voyage, rien qui mérite d'être raconté, car, l'immense chaise de poste contient à l'aise les six voyageurs, Desroches, Juliette et Annette en occupent le fond, et Brichard, madame Bodin, ainsi que Léonard, la banquette du devant, on roule depuis la veille. Ce voyage est triste, à peine échange-t-on quelques mots, la contrainte et l'ennui se sont mis de la partie, et galopent avec nos voyageurs. Enfin on atteint Abbeville, la chaise y entre, traverse la ville avec rapidité, et vient s'arrêter dans un des faubourgs, à la porte de la demeure de la famille Verbois. Cette propriété est échue en partage à Prudence, c'est là que triste et solitaire, la pauvre fille pleure en silence la perte de tout ce qui lui fut cher. Un deuil sévère règne dans toute la maison, et c'est avec la tristesse empreinte sur les traits que les serviteurs accueillent d'abord les voyageurs.

Les nouveaux venus entrés dans la maison, la parcourent, et n'aperçoivent pas

Prudence, où est-elle, qui peut la retenir loin de ses meilleurs amis? lorsqu'ils accourent près d'elle, et lui apportent tendresse et consolation, fait Desroches, et à peine a-t-il prononcé ces mots qu'une porte vient à s'ouvrir et que Prudence, amaigrie, changée, pâle comme un lis mourant, paraît à ses yeux et tombe dans ses bras. — Prudence! s'écrie Desroches avec une vive émotion. en la recevant sur son cœur. — Oui, Prudence, isolée, et bien triste, qui vous attendait avec impatience, et cependant, n'osait se présenter à vous dans la crainte que son triste aspect et ses larmes, ne paralysassent vos joies, répond la jeune fille. Alors, chacun l'entoure, l'accable de caresses, de consolation, Annette surtout, qui lui doit tant, mêle ses larmes aux siennes, couvre ses mains de baisers, de même Juliette, lui prodigue les marques d'un vif iérntêt, et dans cette effusion, s'efforce cependant adroitement de détacher Prudence de la place qu'elle occupe encore dans les bras de Desroches.

Après les complimens d'usage, Brichard immobile et la bouche entr'ouverte, contemple avec étonnement le changement opéré en moins de deux ans dans les traits de Prudence, et se promet dans son intérêt personnel, de ne jamais prendre le chagrin trop à cœur, afin de conserver intacts, les avantages dont il lui plaît de gratifier son propre physique. Après les premiers transports, on s'instruit des évènemens arrivés à chacun durant une longue absence, Prudence apprend le mariage projeté de Léonard et de Juliette, mariage que l'on vient conclure près d'elle, afin qu'il ne manque aucun ami à la fête, c'est Desroches qui parle, et Prudence, quoique l'écoutant avec attention, se voit distraite par un profond mais étouffé soupir qui s'échappe du sein de Juliette.

Depuis l'arrivée, personne ne s'est encore séparé, cependant, une nuit passée en voiture, la fatigue d'un voyage, imposent un repos salutaire ; chacun gagne donc l'appartement qui lui est destiné, afin d'y goûter quelques instans de sommeil. Annette seule, et au grand déplaisir de son époux a suivi Prudence ; toutes deux en ce moment sont réunies dans la même pièce, toutes deux, se sentent heureuses de pouvoir un instant sans témoins se parler du passé, se conter leurs joies et souffrances. — Annette, es-tu heureuse, ton époux a-t-il pour toi, tout l'amour et les soins que méritent ta belle âme et ta vertu ?

— Oui, je serais heureuse, heureuse entièrement, si vous-même en pouviez dire autant.

— Moi Annette, oh! il n'y a plus de bonheur possible pour la pauvre Prudence, car toute sa vie doit être consacrée aux larmes et aux regrets.

— Mon Dieu! quand donc tout ce qui m'entoure cessera-t-il de souffrir?

— Que dis-tu, Annette, quoi, parmi tes amis il n'y a pas que moi de malheureuse?

— Oh! non.

— Parle, instruis-moi, Annette, qui donc souffre encore?

— Je n'ose, et cependant, à vous peut-être le soin de faire deux heureux, de faire, que deux cœurs se comprennent, d'empêcher enfin, par un mot, le malheur de trois existences.

— Je ne te comprends pas, Annette.

— Hélas! c'est que je crains en parlant, d'éveiller en votre cœur un bien triste souvenir.

— Ah! parle, parle, Annette!

— Oui, mais avant, répondez à votre amie, quel sentiment votre cœur ressent il encore en faveur de Desroches?

— Celui d'une vive et éternelle amitié, répond Prudence avec un calme apparent, et faisant violence à la forte émotion qu'a fait naître en elle la question d'Annette.

— Quoi, rien que de l'amitié?

— Oui! rien que de l'amitié...

— Oh! tant mieux, s'écrie Annette, trompée par la feinte tranquillité de Prudence, du moins, ajoute-t-elle, il nous sera permis de travailler ensemble au bonheur de notre ami commun et de sa chère Juliette, car il l'aime, ma chère Prudence, ils l'adorent et n'osant lui avouer un amour qu'elle partage en secret, il veut la donner à un autre, à Léonard enfin, mais j'ai su lire dans leurs cœurs, y surprendre leurs secrets, deviner qu'ils sont faits l'un pour l'autre, et que cette union projetée que déteste Juliette, que Desroches par un excès de vertu et de délicatesse la force à contracter, serait une douleur éternelle pour tous deux et peut-être l'arrêt de leur mort! Oh! Prudence, empêchons donc cet affreux malheur, réunissons deux cœurs si bien faits pour s'aimer et se comprendre, et jouissons après de leur félicité, puisqu'elle sera notre ouvrage.

—Il l'aime! il l'aime! s'écrie Prudence avec l'accent du plus profond désespoir et fondant en larmes.

— Ciel? qu'ai je fait? exclame Annette non moins désolée que son amie, Ah! Prudence, Prudence! tu m'as trompée, car tu l'aimes encore d'un brûlant amour.

— Oui, oui! je l'aime encore et l'aimerai tant que ce cœur battra dans ma poitrine, dit Prudence avec feu, en portant sa main sur son sein.

— Malheureuse! fait Annette en prenant et pressant dans la sienne la main de l'infortunée.

— Oh! oui, bien malheureuse en effet, et pour toujours, car il ne peut aimer la maîtresse d'un prêtre, lui, il a repoussé pour épouse cet être méprisable.

— Mais il chérit Prudence comme une sœur, reprend Annette interrompant la jeune fille.

— Comme amis, comme sœurs! hé! qu'est-ce que cela, pour mon cœur?

— Prudence, ah! pardonnez, car je viens de vous faire bien du mal, dit Annette effrayée de l'état d'agitation dans lequel elle voit son amie plongée, et fléchissant presque le genou devant elle.

— Oh! relève-toi, bonne Annette, c'est à moi de s'humilier devant ta vertu, à te demander pitié, pitié! pour une malheureuse souillée d'un sacrilège, et que dans ta bonté, ton indulgence infinie, tu daignes encore aimer et consoler... Oh! mon Dieu! grâce, grâce, je vous en supplie, et donnez-moi la force pour réparer mon crime, de surmonter un amour que deux ans d'absence et de combat n'ont pu arracher de mon sein, faites que Desroches soit heureux, et que renonçant à tout espoir, adjurant tous sentimens jaloux, sa félicité et celle de sa Juliette deviennent mon ouvrage.

Cela dit, Prudence laisse tomber sa tête dans le sein d'Annette, et anéantie par la douleur, demeure quelques instans dans cette position, immobile et presque privée de ses sens.

Cependant rappelée à la vie par les soins, les caresses de l'épouse de Brichard, la jeune fille ouvre la paupière, soupire douloureusement, verse un déluge de larme puis, craignant de trop abuser de l'amitié engage Annette à goûter quelques instans de repos, tandis qu'elle, dans une pièce voisine veillera, en priant Dieu de nouveau, à ce que le sommeil de son ami ne soit point troublé. Offre inutile, car la jeune femme se sent trop émue pour essayer de fixer un sommeil que le chagrin de son amie tient en ce moment bien loin de sa paupière, et c'est au jardin qu'Annette offre à Prudence d'aller ensemble respirer l'air pur et rafraîchir leur sang enflammé par la fatigue et la douleur; alors, enlacées dans les bras l'une de l'autre, elles se dirigent vers le but proposé où sous un frais ombrage, un tertre de gazon reçoit les deux compagnes. Au même moment et à une autre extrémité du parc, sous une longue allée de tilleuls, se promenait triste, plaintive et à pas lents une autre jeune fille, belle aussi et non moins à plaindre, Juliette enfin! que le sommeil avait de même abandonné, et sans personne à qui confier sa peine la dévorait seule et en silence.

Depuis plus d'une heure, Juliette parcourait les longues avenues du jardin, lorsqu'à un détour, ses yeux aperçoivent Desroches à quelque distance; à cette vue le cœur de la jeune fille bat avec violence, un tremblement général s'empare de tout son être puis sentant ses jambes fléchir sous elle; la pauvre fille saisit le tronc d'un arbre et s'y soutient avec peine. Desroches l'a de même aperçue, il accourt et arrive assez à temps pour la recevoir dans ses bras.

— Juliette, Juliette! qu'as-tu donc, mon enfant, comme tu parais émue?

— Je souffre, oh! je souffre beaucoup, dit-elle en jetant ses bras autour du cou de son ami.

— Parle, Juliette, parle, dis-moi quel mal

te dévore, que faut-il faire pour calmer ta souffrance?

— Rien, car je veux mourir.

— Toi, mourir, Juliette, si jeune et si belle, y penses-tu?

— Hélas! il le faut bien, puisque sur la terre il ne doit plus y avoir de bonheur pour moi.

— Plus de bonheur, reprend Desroches en faisant asseoir Juliette près de lui sur un banc de gazon, plus de bonheur, dis-tu, et pourtant; je cherche à déverser sur toi tout celui dont je puis disposer, n'ai-je point d'abord formé ton cœur à la vertu, n'ai-je point orné ta mémoire de mille talens divers, ma fortune ne t'appartient-elle pas tout entière et dans ce jour, n'ai-je pas fait choix pour ton époux du plus digne des hommes? et tu veux mourir, Juliette, ah! cruelle, tu ne sais donc pas que sans toi la vie me serait odieuse, qu'il me serait impossible de te survivre?

— Alors, pourquoi m'avoir prouvé le contraire en exigeant que je m'éloignasse de vous, en me donnant à un autre? ah! j'étais si heureuse avant cette odieuse résolution, mon sort me paraissait si digne d'envie, si fortuné!

Oh! la pauvre Juliette était bien loin alors de penser, qu'un jour, son bienfaiteur, son ami la forcerait à un hymen qu'elle déteste et qu'elle envisage comme l'arrêt de sa mort.

— O ciel! que dis-tu, Juliette, pourquoi m'affliger ainsi et maudire celui à qui ma sage prévoyance, ma tendre sollicitude m'engagent à confier ta douce possession? Mais hélas! qu'a donc Léonard pour mériter tant de haine de ta part? Ah! tu es injuste, Juliette, bien injuste!

— Et vous bien cruel, monsieur, d'éloigner sans sujet l'enfant qui vous chérit si tendrement, de la jeter à un autre sans son aveu, sans qu'elle n'est rien fait pour mériter un tel abandon.

— Sans ton aveu, Juliette, hélas! oses-tu m'adresser ce reproche après que ta main m'a tracé l'adhésion de ton cœur à ce mariage?

— L'adhésion de mon cœur! oh! non, dites plutôt que pressée, torturée par vous afin d'arracher un consentement, que ma volonté a cédée devant la vôtre, mais que mon cœur y fut toujours étranger.

— Juliette, je ne te comprends plus, pourquoi donc alors puisque l'amour ne te parle jamais en faveur de Léonard, puisqu'une union avec lui fait ton désespoir, pourquoi, donc ces caresses surprises par Brichard, et prodiguées par toi à l'homme que tu dis ne pas aimer?

— Détrompez-vous, monsieur, enhardi par la promesse de ma main, par un consentement arraché à ma volonté, Léonard osa déposer un baiser sur ma main sans que rien de ma part ne le provoquât.

— Est-il possible, Juliette, que si jeune et si belle, ton cœur soit encore insensible au doux bonheur d'aimer?..

— Insensible! oh! non, s'écrie la jeune fille involontairement, et, honteuse de cet aveu, les roses s'épanouirent sur son visage, ses yeux se baissèrent vers la terre.

— Juliette, qui donc a su te captiver, pourquoi, si tu aimes, ne me l'avoir pas confié? par grâce, ouvre ton cœur à ton meilleur ami, fait Desroches, le cœur palpitant de crainte et de douleur, et redoutant au-delà de tout, un aveu qu'il implore.

— A quoi bon vous instruire, monsieur ! hélas ! il est trop tard et Juliette ne l'oserait jamais.

En écoutant, Desroches, paraissait accablé Juliette alors, l'entoure de ses bras, attire son visage sur le sien, et l'inonde de larmes brûlantes.

— Oh ! laisse, laisse, toi qui aime en secret, qui a manqué de confiance en ton ami, garde de si douces caresses pour celui qui a su trouver le chemin de ton cœur.

Juliette ne répond plus, mais elle pleure et beaucoup. Desroches, entraîné par un charme irrésistible caresse le front, les beaux cheveux de la jolie fille, puis cherche à la consoler, à sécher ses larmes, l'interroge de nouveau sur sa passion secrète, la conjure de lui nommer celui qu'elle dit aimer, et la pauvre Juliette honteuse et craintive ne pouvant lui répondre, cache sa tête et sa rougeur dans son sein.

— Au nom du ciel, Juliette, ah! dis-moi qui tu aimes? s'écrie Desroches en étreignant la jeune fille convulsivement.

— Vous! fait entendre à travers le feuillage, une voix que Desroches reconnaît être celle de Prudence.

— Moi! exclame l'amant en tressaillant de bonheur et de surprise, ô ciel! se pourrait-il? puis, il cherche à fixer la jolie fille, à saisir dans ses yeux la vérité de ce mot heureux; mais Juliette effrayée, vient de perdre ses sens.

— Oui, c'est vous qu'elle aime d'amour, Desroches, dites-lui donc que vous l'aimez aussi, et cet aveu si cher la rappellera à la vie, dit Prudence en se montrant et se hâtant de porter secours à Juliette.

— Oh! Juliette, Juliette! serait-ce possible,

toi, m'aimer, qu'ai-je donc fait pour tant de bonheur? Ah! reviens à la vie, hâte-toi de confirmer un si doux aveu...

Et Juliette reprenant connaissance, presse avec feu la main de son ami, puis entr'ouvrant ses lèvres de rose en laisse échapper un oui timide.

— Hélas! n'est-ce pas une erreur de ton âge, de ton cœur, ô! ma Juliette, et prendrais-tu pour de l'amour, une vive reconnaissance de ma sollicitude envers toi? Juliette, Juliette! réfléchis avant de m'inonder de plus de bonheur que tu ne viens à l'instant d'en déverser sur moi.

— Non, non, ce n'est point une erreur, répond-elle en levant sur Desroches des yeux remplis d'amour et de douceur; je sens là, dans ce cœur, que sans vous, pour moi il n'est plus de bonheur ni d'existence.

Ces mots prononcés, rien alors ne put

égaler l'ivresse et la joie de Desroches, car, oubliant tout dans l'univers pour ne s'occuper que de Juliette, il la pressait dans ses bras, sur son cœur, lui avouait aussi l'amour brûlant qu'il ressentait pour elle, les souffrances que ce même amour lui faisait endurer depuis long-temps, et Juliette heureuse au-delà de tout, l'écoutait, souriait avec délices, lui livrait son jolie visage, ses mains potelées pour qu'il les couvrît de caresses, de baisers, et là cependant, il y avait un tiers, un tiers si gênant en amour, et dont les deux amans dans leur mutuel transport oubliait la présence.

Pauvre Prudence, oh! comme elle souffrait alors et que le bonheur qu'un mot échappé de sa bouche venait de répandre sur ces deux amans lui causait une horrible douleur, comme son cœur battait à briser sa poitrine, comme avec peine elle dévorait ses larmes prêtes à déborder de ses paupières, oh! cette situation était affreuse, insoutenable et loin de ce couple heureux l'infortunée allait essayer de fuir, lorsqu'Annette se montra aux yeux de tous, venant annoncer l'approche de Léonard, Léonard! ce nom, vient de produire sur Desroches l'effet de la foudre, de rappeler à sa mémoire oublieuse un rival que lui-même s'est donné, dont il a encouragé l'amour, qui d'après sa promesse à des droits sur Juliette, droits sacrés, qu'il ne peut rompre désormais sans forfaire à l'honneur, que faire, que lui dire lorsque plein d'amour et d'espoir il accourt près de celle dont la main lui est promise, celle que déjà il regarde comme son épouse et qu'il adore au-delà de tout! et Desroches anéanti par ces pénibles réflexions était tombé dans une affreuse stupeur.

— Le ciel soit loué de vous trouver tous

réunis, mes bons amis car, je vous cherchais pour vous conter ma peine et vous faire part de cette lettre qu'un exprès vient de m'apporter de Paris, et de la triste nouvelle qu'elle renferme.

— Qu'est-ce donc ? demande aussitôt Annette à Léonard avec inquiétude.

— La nouvelle de la disparition subite de notre caissier, le malheureux, m'écrit-on, s'est enfui hier de Paris emportant une somme considérable à notre maison, on présume qu'il a pris la route de Boulogne sur mer où il compte s'embarquer et passer en Angleterre ; aussi, mon associé m'engage-t-il à me diriger aussitôt de ce côté afin d'empêcher s'il se peut, cet homme de quitter la France et si déjà il s'était embarqué, de le poursuivre à l'étranger.

— Quel malheur ! fait Desroches revenu à lui-même, à combien monte la somme soustraite par ce misérable ? ajouta-t-il.

— Trois cent mille francs répond Léonard.

— La somme est considérable, ne perdez donc pas de temps, mon ami, ma chaise de poste est à votre disposition, hâtez-vous de courir après ce malfaiteur et que Dieu seconde vos recherches.

Une heure plus tard, après avoir pressé tendrement la main de Juliette, celle de chaque ami et promis un prompt retour, Léonard roulait sur la route qui conduit d'Abbeville à Boulogne sur mer.

— Folie! vains scrupules! mariez-vous, vous dis-je, Léonard conçoit l'amour qui unit vos deux cœurs, il l'approuve et sans hésiter, l'excellent jeune homme rend à son bienfaiteur la promesse qu'il en a reçue; enfin, il renonce à Juliette et dans son union avec toi, lui souhaite toutes les félicités possibles, plus même, car, s'il n'était encore retenu pour quelque temps à Londres, par l'importante affaire qui l'y a conduit, il accourrait près de nous, prendre sa part des réjouissances que doit occasioner cette heureuse union. Ainsi disait Brichard à Desroches et Juliette un mois après le départ de Léonard afin de calmer les scrupules délicats qui, empêchaient les deux amans de s'unir l'un à l'autre avant le retour du jeune homme et d'avoir obtenu l'assentiment de ce dernier à un mariage devenu désormais impossible entre lui et la jeune fille. Desroches en écoutant les paroles de Brichard sentait son cœur se dilater de bonheur et de joie et Juliette bien heureuse bénissait la générosité de Léonard à qui elle rendait dès ce moment toute l'amitié d'une sœur envers son frère.

— Mais, dit Desroches après avoir fait plusieurs fois répéter à Brichard cette heureuse nouvelle, qui lui permettait de devenir l'époux de Juliette et le mortel le plus fortuné, mais, comment se fait-il que Léonard n'ait point encore jusqu'ici répondu aux lettres que je lui ai écrites? pourquoi ce silence envers moi qui, jusqu'alors, m'avait fait croire à une douleur extrême de sa part, en apprenant que celle qu'il acceptait pour épouse et disait aimer avec ardeur, avait sur moi déversé tout son amour?

— Hum! franchement dit Brichard, le jeune homme n'a point été trop enchanté en apprenant sa mésaventure et la préférence que tu obtenais sur lui, aussi dans son juste dépit voulait-il te garder rancune, mais, son bon cœur, puis en sus, le souvenir de tous les bienfaits dont tu l'as comblé, le ramenèrent à la raison et le décidèrent à me faire passer sa renonciation à la main de la charmante Juliette.

— Oh! le meilleur des hommes! le plus

généreux des amis! s'écria Desroches avec enthousiasme, cher Léonard, si en ce jour je te prive d'une femme adorable, qu'une partie de ma fortune t'aide au moins à réparer la perte immense que t'occasione l'infidélité d'un misérable caissier.... Chère Juliette! je puis donc sans regret te donner enfin le doux nom de mon épouse, ajoute Desroches en pressant dans les siennes les mains de la jolie fille présente à cet entretien et lui adressant le plus tendre regard.

— Oui, mon ami, mais de grâce, hâtez l'heureux moment qui va m'unir à vous, ce moment tant désiré de mon cœur, répond Juliette en penchant sa belle tête sur le sein de Desroches.

— Juliette, tu vas devenir ma femme, ma douce compagne, et c'est toi, ô mon amie! qui m'accorde un bonheur aussi grand, un bonheur que j'ambitionnais plus que tout au monde, mais, auquel je n'eus jamais osé aspirer, si toi-même, guidée par ton cœur ne me l'avait offert; je l'accepte donc avec délire, ivresse c'est une vie de délices, et d'amour que je vais couler près de toi, et cependant, je préfèrerais renoncer à ce bonheur suprême s'il devait un jour te coûter quelques regrets, songes-y bien, ô ma Juliette, bientôt je serai vieux et tu seras encore jeune et belle car je suis d'un âge double du tien, alors, ne regretteras-tu pas la douce liberté, et lorsque, dans ce monde, ces fêtes, où il ne me sera peut-être pas permis de t'accompagner toujours, des hommes jeunes et beaux, t'entoureront d'hommages enivrans, n'oublieras-tu pas ton vieux mari?...

— Oh! jamais de fêtes ni de plaisirs sans vous, sans cesse près de mon époux, je veux passer les instans de ma vie, l'aimer, le chérir, veiller à ses besoins, telle sera ma loi, ma seule occupation, répond Juliette avec l'accent de la plus douce persuasion et entourant le cou de Desroches de ses bras caressans.

— Oui, je crois à ton langage, ma tendre amie, car Juliette est trop pure pour oublier jamais ses devoirs. Ces derniers mots se disaient à demi-voix tandis que Brichard s'était retiré dans l'embrasure d'une croisée où il s'occupait à feuilleter un album, puis Desroches et Juliette avaient à peine dit, que jetant le livre sur une table, le petit homme se rapprocha d'eux :

— Eh bien! êtes-vous d'accord, quand nous marions-nous ?

— Dans quinze jours et au château de Blancourt, répond Desroches à la demande de Brichard.

— Dans quinze jours soit! je vais de ce pas en conter la nouvelle à ma femme, et le cousin s'éloigna en se frottant les mains et souriant avec malice.

— Eh bien! ma chère, ma ruse a réussi, ils n'hésitent plus et vont enfin se marier ces chers amis, dit Brichard en arrivant près d'Annette qu'il trouva seule au salon, occupée à confectionner un ouvrage de broderie.

— Selon votre ordre et vos désirs, je garde le silence, mon ami, et reste neutre en cette affaire, mais je crains tout, du désespoir de Léonard, lorsqu'à son retour il trouvera Juliette l'épouse d'un autre.

— Bah! il doit trop à Desroches, pour oser se plaindre de ce qu'il aura pris sa place, au contraire, c'est un service de plus qu'il lui aura rendu, puisque la petite ne l'aime pas.

— Mais au moins, il fallait prévenir Léonard, attendre sa réponse, espérer en sa générosité, et ne pas, comme vous l'avez fait, intercepter et garder devers vous, les lettres que Desroches lui adressait à cet égard.

— Parbleu! oui, traîner les choses à l'infini, n'est-ce pas? attendre le retour de Léonard, qui à la nouvelle du danger dont ses amours sont menacés, n'aurait pas manqué d'accourir ici à franc étrier et armé de la promesse de Desroches, de réclamer sa future, en appuyant sa demande de force gérémiades, et comme en amour, ma chère, il n'est pas de véritable générosité, les deux rivaux se seraient entêtés, disputés, et peut-être battus, tandis qu'en brusquant ce mariage, toutes difficultés se trouvent levées, les amans unis, et au retour de Léonard, toutes explications inutiles en ce que le mal sera irréparable.

— Mais, ne redoutez-vous pas, monsieur, l'indignation de votre cousin Desroches, lorsqu'il apprendra que vous avez abusé de sa confiance, pour lui faire commettre une action déloyale?

— Sottises que tout cela, ma mie, se plaint-on jamais d'une ruse qui assure notre bonheur ?

— D'accord, lorsqu'on ne possède point la délicatesse de Desroches, mais, il en est un autre qui va vous devoir son malheur, ne craignez-vous son juste ressentiment ?

—Pas davantage, en ce qu'il ignorera tout, car, aussitôt le mariage prononcé, je compte bien confesser ma ruse à Desroches, et lui recommander le silence envers Léonard. Annette se contenta de hocher la tête sans daigner répondre à ces dernières paroles de son époux, et la cloche du dîner s'étant fait entendre en ce moment, tous deux se dirigèrent peu après, vers la salle à manger, où ils trouvèrent Prudence, Desroches et Juliette réunis.

Le lendemain de ce jour, on quitta enfin Abbeville et la demeure de Prudence où l'on avait séjourné près d'un mois, nos héros roulèrent vers Blancourt où devait le plus tôt possible se contracter le mariage tant désiré, mais pour que la fête soit complète, il eût fallu que Prudence soit de la partie, et la pauvre fille ne se sentant nullement la force d'assister à une union qui lui ravissait tout espoir de bonheur, avait refusé d'y prendre part, même, d'accompagner ses amis au château, en colorant ce refus du prétexte d'une santé chancelante, d'un besoin de repos et de solitude, envain Desroches et Juliette avaient-ils tout employé pour vaincre cette résolution, rien n'avait pu l'ébranler, et les larmes aux yeux, après la promesse d'un prompt retour, s'était opérée une pénible séparation.

— Adieu! adieu, ô toi! dont je viens d'assurer le bonheur au dépens du mien, adieu donc, peut-être pour la vie, si Dieu, daigne enfin prendre pitié et rappeler à lui, celle, qui dès ce jour va se consacrer à son service. Cela dit, Prudence avait quitté la fenêtre d'où ses regards suivaient depuis long-temps la voiture qui entraînait loin d'elle, celui que son cœur adorait et perdait sans espoir; puis, tombant en larmes sur un siège : l'infortunée avait donné cours à tout l'excès de sa douleur.

QUATRIÈME PARTIE.

XVIII.

APRÈS UN AN DE MÉNAGE.

Dans une petite pièce reculée d'un appartement meublé avec autant de goût que de luxe, assis près d'un petit guéridon, la cigarette à la bouche et le verre de champagne en main, deux jeunes gens s'entretiennent gaîment et en tête-à-tête, en arrosant leurs paroles de fréquentes libations.

— Ainsi donc, dit l'un d'eux, déposant son cigare sur la table et fixant son compagnon, tu préfères, mon cher Léonard, t'obstiner à poursuivre ta vengeance, au plaisir de m'accompagner dans le voyage en Suisse que je te propose? projet délicieux, cependant, voyage d'artiste, le sac sur le dos, le bâton en main, et parcourir ainsi, libre de tout embarras, les sites, les moindres recoins de ce pays enchanteur.

— Qu'oses-tu me proposer, cœur sans énergie, de renoncer à me venger, d'abandonner pour une promenade, pour une frivolité, tout le fruit prêt à recueillir d'une année entière de haine, de dissimulation et d'intrigue? oh! non, l'offense fut trop grave, mon âme trop brisée pour accorder plus long-temps, repos, bonheur et amour à celui qui fit si légèrement le malheur de ma vie. Hélas! ajouta Léonard dont les yeux s'animaient en cet instant de l'expression du regret et de la fureur, tu ne sais donc pas combien je l'aimais, cette Juliette qu'on m'a ravie avec la plus brutale dérision? Dès l'enfance, déjà elle était mon âme, ma vie, tout pour moi enfin! ses joies étaient les miennes, ses chagrins mes chagrins, et pourtant, en la voyant grandir, dans l'âge de la beauté et des amours, je respectais en elle une vierge innocente et pure, j'osais à peine lever les yeux sur ce précieux trésor, et luttant avec des efforts incroyables, je m'efforçais en silence d'étouffer dans mon sein, un amour que je croyais sans espoir, car alors, la possession de Juliette me paraissait impossible à moi, pauvre enfant de la charité, sans parens, ni fortune ni avenir, de plus, j'aimais encore ce Desroches, ses bienfaits me le rendaient sacré, et ce culte s'étendait jusque sur sa fille adoptive; enfin lassé de lutter contre une passion qui malgré moi prenait chaque instant plus d'empire sur mes sens, j'avais résolu de fuir la présence de Juliette, la demeure de Desroches, et loin d'eux, d'aller chercher l'oubli d'un amour sans espoir, lorsqu'un jour il prit fantaisie au plus perfide des hommes, de jeter pour quelques instans dans mon cœur, cent fois plus de joie et de bonheur qu'il n'en pouvait supporter, de m'offrir la main de la plus adorée des femmes, de Juliette enfin! ce mariage disait-il, était son vœu le plus cher, le but de tous ses désirs, et quand je lui peignais mes doutes d'être aimé de celle qu'il m'offrait pour épouse, le perfide calmait mes craintes, me promettait de la part de Juliette un amour sincère, un entier dévoûment, et légitimait ainsi, une passion, dont jusqu'alors je m'étais fait un crime.

Je me crus donc digne d'elle, et autorisé par son père adoptif, je lui parlais d'amour, m'efforçais à vaincre sa timidité, à lui faire partager mes tendres sentimens; enfin, sa bouche m'avait promis ce titre d'époux auquel j'aspirais si ardemment, lorsqu'une affaire aussi malheureuse qu'imprévue me contraint à m'éloigner subitement et à passer un mois sur un sol étranger.

A mon retour, mon cher Alfred, conçois quel fut mon désespoir et ma surprise lorsque libre, et me rendant en toute hâte près de celle dont l'absence n'avait fait qu'augmenter l'amour que je portais dans mon sein, je la retrouve mariée et mariée! avec l'infâme qui s'était joué de moi en me l'offrant pour femme quelques jours avant. Oh! l'insulte était affreuse, barbare, et pensa me donner la mort, car, tu sais qu'en apprenant leur union, je ne pus supporter ce coup funeste, qu'un malaise affreux s'empara de moi et que je fus deux mois dans un état désespéré...

— Oui, je m'en souviens, interrompt le jeune auditeur, et même, que rendu à la vie, tu reçus aussitôt la visite de ce Desroches et de sa Juliette, qu'à ma présence, ils essayèrent à se justifier envers toi, la jeune épouse en avouant son faible pour les barbons, et lui, prétendant t'avoir écrit avant la conclusion du mariage et ne l'avoir accomplie qu'après une prétendue adhésion de ta part, que tu dis n'avoir jamais accordée.

— C'est vrai, mais ceci fut la suite des mensonges d'un certain Brichard, un cousin, qui intercepta les lettres que Desroches m'écrivit et qui prétendit en avoir reçu une de ma main dans laquelle j'annonçais que, renonçant à la main de Juliette, je consentais à son union avec un autre que moi...

— Hum!... mais en tout cela je ne vois

qu'un traître, qui n'est autre que le cousin Brichard, dit Alfred, interrompant Léonard.

—Qu'un traître, dis-tu? mais, ce Desroches aimait Juliette, même, en me l'offrant pour femme, et lorsque le hasard lui fit connaître l'amour prétendu qu'elle ressentait pour lui, tint-il compte de la douleur, que devait me faire éprouver une perte si chère? Non! car, ajoutant légèrement foi à une inconstance sur-naturelle de ma part, il se hâta de s'appro-prier le bien qu'il m'avait offert, et jugeant mon malheur irréparable, s'empressa d'y mettre le comble en épousant celle que j'ai-mais plus que la vie...

—Oh! j'en conviens, le tour était pendable, et à ta place, j'aurais fait en duel sauter la cervelle à ce rival déloyal.

— A quoi bon? Juliette eût détesté le meurtrier de son époux, et près d'elle j'aurais perdu tout espoir d'amour; crois-moi, Alfred, cette vengeance eût été incomplète et trop au-dessous de celle que je médite et à laquelle je travaille depuis près d'un an...

— Qui est?... demande Alfred.

— De troubler le repos de Desroches, de cet homme qui me fit connaître un instant le bonheur suprême pour m'en priver aussitôt, et pour cela j'ai dissimulé l'excès de ma douleur et de ma rage, j'ai feint d'applaudir à une union qui faisait mon désespoir, j'ai souri à celui que je maudissais, ma main a serré la sienne avec aménité; enfin, trompé par ces marques de franchise, cet homme a continué à m'ouvrir sa demeure, alors, profitant de sa sotte sécurité, j'ai fait naître la méfiance et la jalousie dans le sein de sa femme. Jadis, Juliette, tout entière à l'amour de son époux, aux soins de son ménage, fuyait le monde; je l'ai rendue coquette, frivole, passionnée pour les plaisirs, maintenant, le bal, les spectacles, le luxe ont pour elle des attraits irrésistibles, donc, plus de repos pour le mari devenu morose et casanier, et qui, fatigué de ces continuelles dissipations, plein de confiance en ma prétendue vertu, confie à mes soins la conduite et la garde de sa femme; enfin, encore quelques instans d'une prudente persévérance, et je rends à Desroches, une épouse flétrie par mes caresses et indigne de lui.

— Peste! voilà, mon cher, une atroce machination...

— Dis, une juste représaille du mal qu'il ma fait.

— Ah çà, et le cousin Brichard, ne lui gardes-tu pas aussi rancune?...

— Quelque peu et le pauvre diable ressentira de même les atteintes de ma haine.

— Sa femme est jolie à ce gros gaillard.

— La veux-tu? je te la livre, te la donne...

— Hum! je ne refuse pas le cadeau, hâte-toi donc de me mettre en possession de ce morceau friand.

— Dès ce soir, je te fais obtenir les grandes entrées dans le ménage.

— Dispose de moi, je suis tout à ta disposition.

En ce moment un domestique vint troubler cet entretien pour remettre une lettre à Léonard, le valet s'éloigne aussitôt et le jeune homme après avoir parcouru l'écrit laisse échapper un long éclat de rire.

— Tiens, écoute, et juge par le contenu de cette lettre de la véracité de mes paroles... c'est Juliette qui m'écrit : « Venez donc, mon
« cher Léonard, car Desroches est en ce jour
« d'une injustice horrible, croyez-vous qu'il
« refuse de m'accompagner, et même de me
« laisser aller ce soir au bal de madame Darvis,
« vit-on jamais tyrannie semblable? oh! ve-

« nez, vous dis-je et faites de grâce, révoquer
« un caprice qui fait mon désespoir, sachant
« surtout que la fête dont on veut me priver sera
« des plus brillantes et des plus joyeuses. Ac-
« courez donc, je vous attends avec la plus
« vive impatience.

« Juliette. »

—Ah! ah! parfait! superbe! heureux coquin, j'entrevois pour cette nuit, un triomphe certain, fait Alfred en riant.

—Ce soir? non, pas encore, le fruit n'est pas assez mûr pour essayer à le cueillir, car Juliette, n'est point une conquête facile et quoiqu'égarée et lancée; grâce à moi, dans une route dangereuse, la jeune femme, tient en diable à ses devoirs et si jamais, profitant adroitement de la circonstance, d'un moment d'exaltation ou de dépit, je parvenais à jouir de sa possession; le cœur, je crois ne serait pas de la partie, la tête aura seule à répondre de l'accident.

— N'importe ! ton but n'en sera pas moins atteint, mais dis-moi, quelle est cette dame Darvis ? demande Alfred.

— Un vice sous le dehors de la vertu, une vieille mondaine, dont les manières doucereuses, hypocrites ont gagné la confiance de Desroches ; mais, il se fait tard, ajoute Léonard en jetant les yeux sur la pendule, il est grand temps de se rendre à la pressante invitation de la belle Juliette, cela dit, Léonard, mit la dernière main à sa toilette et peu après, suivi d'Alfred, il quitta son logis pour se diriger vers la demeure de Desroches, à la porte de qui, ils se séparèrent avec promesse de se revoir le soir même à la fête de madame Darvis où Léonard se chargeait de présenter et faire admettre Alfred.

—Madame est chez elle mais elle désirerait vous entretenir un instant avant que vous n'entrassiez chez son mari, dit la femme de chambre de Juliette à Léonard, rencontrant ce dernier dans l'antichambre qu'il traversait en ce moment, et, de se diriger alors vers celle qui désirait sa présence et qu'il trouva seule, tristement assise sur un divan.

— C'est vous, mon cher Léonard? ah! vous voyez une femme bien chagrine dit Juliette.

— Vous, chagrine, vous la reine de la beauté à qui les amours, les ris et les plaisirs devraient servir d'escorte?

—Oui, s'il n'y avait pour moi en ce monde, certain seigneur et maître qui trouve trop souvent à redire à semblable cortège et veut m'en séparer; croyez-vous, mon ami, que ce soir il est assez cruel pour m'interdire le bal de madame Darvis, sous prétexte que cette longue suite de plaisirs, de nuits consacrées à la danse, nuisent à ma santé.

— A la sienne, veut-il dire, car la vôtre

n'a rien perdu de sa fraîcheur et de son éclat, mais, je conçois qu'à l'âge de votre époux, ces sortes de plaisirs deviennent fatigans et le repos nécessaire, répond Léonard appuyant fortement sur ces derniers mots.

— Oui, je le conçois, pour Desroches, est passé le goût de ces fatigantes distractions, reprend Juliette, et je devrais en conscience lui en faire pour ma part le généreux sacrifice, je le voudrais, et cependant, il est si cruel, si difficile à mon âge, de renoncer au monde, à ces fêtes délicieuses, ses hommages dont on m'entoure de tous côtés.

— Impossible! voulez-vous donc exiler la joie, les plaisirs, loin des lieux que vous charmez ordinairement par votre présence?

— Taisez-vous, monsieur, vous êtes un flatteur et je vous en veux à la mort, c'est vous qui êtes venu troubler ma douce résignation, m'arracher à une vie paisible, et m'inspirer des goûts de coquetterie et de dissipation, oh! vraiment, lorsque je veux réfléchir sagement, je sens que je dois ne conserver nulle rancune envers mon mari. Oui, il a raison, une femme mariée doit être tout entière à son époux, à son ménage et n'user des plaisirs que modérément, telles furent du moins, les promesses que ma bouche prononcèrent, que mon cœur lui dictait, lorsque jeune fille timide et tremblante, j'aspirais au doux titre d'épouse, du meilleur et du plus aimé des hommes.

— Ajoutez aussi, ma chère Juliette du plus égoïste de tous puisqu'en vous éloignant du monde afin de jouir seule de votre gracieuse personne, il lui ravissait son plus bel ornement.

— Ah! ce n'est point ainsi que vous devez juger notre ami commun, Léonard, fait Juliette en jetant sur le jeune homme, un regard presque sévère.

—Alors, madame , si vous approuvez en ce jour son austérité, cette contrainte qu'il vous impose, pourquoi vous plaindre si souvent à moi?.. pourquoi en ce moment m'avoir appelé près de vous?...

— Eh! monsieur, afin de m'aider à obtenir le consentement de mon mari pour la fête de ce soir mais non pour en entendre médire.

— Je n'ose entreprendre cette tâche, ma chère amie, car je craindrais un refus si je joignais mes prières aux vôtres, Desroches se lasse enfin de mes continuelles intercessions en votre faveur et m'accuse même, m'a-t-on dit, de provoquer vos distractions.

— Mon Dieu! mon Dieu! que je suis malheureuse ! moi, que m'étais fait faire pour ce bal, une si délicieuse toilette... mais voyons donc, monsieur, n'y a-t-il aucun moyen de vous faire revenir sur cette décision et ce soir un refus de plus ou de moins, vous effraie-t-il au point, de n'oser intercéder pour moi ?

— Franchement, oui!

— Alors, je dois renoncer au plaisir que je me promettais à ce bal?

— Il le faut, telle est la volonté d'un époux, et c'est grand dommage, une fête si belle! la meilleure société de Paris! où les femmes les plus jolies comme les plus brillantes se sont, dit-on donné, rendez-vous, comme j'aurais été fier, ma chère Juliette, de voir abaisser leur orgueil par votre seule présence, de voir pâlir leurs charmes, à l'aspect de votre beauté...

— Silence! monsieur car, vous prenez, je crois, un malin plaisir à me désespérer, ah! que ne puis-je, sylphide invisible, m'échapper en silence et me glisser parmi tout ce monde, afin de jouer un seul instant de ce coup-d'œil enchanteur!

— Hélas oui! mais, hors la beauté et l'esprit, nous ne possédons aucun pouvoir surnaturel, ce compliment ne reçoit aucune réponse et ne teinte que mollement à l'oreille de Juliette, tant la contrariété captive ses sens.

— Je conçois que mille autres femmes riraient d'un tel obstacle et que sans tenir compte de la défense d'un mari, elles s'échapperaient adroitement du toit conjugal pour se rendre où le plaisir les attendrait...

— Et ces femmes, seraient des infâmes, indignes de la confiance d'un honnête homme, répond Juliette avec feu.

— Où donc serait le mal, si, le seul désir de se distraire un instant les guidait dans cette démarche ?

— Dans leur désobéissance, fait la jeune femme.

— Diable ! voilà qui est bien pensé, et je serais désolée de combattre de si nobles principes, or donc, disons adieu au bal et passons chez Desroches

La jeune femme ne répondit plus rien, quitta le divan et selon l'invitation de Léonard, se dirigea avec lui d'un air soucieux vers l'appartement de son mari, à leur entrée Desroches assis à son bureau, quitte la plume précipitamment, et accueille Juliette et Léonard le sourire sur les lèvres puis, remarquant le nuage de tristesse répandu sur le charmant visage de sa femme:

— Pourquoi cet air chagrin, ma douce Juliette? me garderais-tu rancune de ma petite rigueur de ce matin? et cependant, mon amie, ce refus, de te laisser aller à ce bal, n'est absolument que par égard pour ta santé que finiraient par altérer une longue suite de nuits passées sans sommeil surtout dans un commencement de grossesse, n'est-ce pas, Léonard, que j'ai grandement raison d'empêcher de se flétrir un si joli visage?

— Ce serait un grand malheur en effet,

mais, si Juliette promettait d'être prudente à l'avenir, je pense qu'une nuit de plus ou de moins, ne pourrait altérer sa precieuse santé ni nuire à son état.

— Ah! vous voilà encore, Léonard, toujours le même, toujours partisan des projets de cette jeune folle et prenant son parti contre toute raison.

— Aujourd'hui encore, j'en conviens, car ce bal sera si brillant que Juliette ferait, je suis sûr, abnégation de tous les autres pour paraître un instant à celui-ci.

— Oh oui! exclame la jeune femme en laissant échapper un profond soupir.

— Ma pauvre Juliette, je conçois tes regrets, à ton âge ils sont forts naturels et, si un long courrier, qu'exige une affaire des plus importantes ne devait me retenir à mon bureau une grande partie de la nuit, peut-être me déciderais-je à t'accompagner un instant à ce bal, mais, il n'y faut pas songer, ainsi donc, mon enfant, deviens raisonnable et faisant grâce à ton mari, daigne sourire à sa tendresse pour toi.

Juliette émue, jette un doux regard sur Desroches et s'emparant de la main qu'il lui tendait y dépose un baiser amical.

— Mais, ne pourrais-je à votre place, accompagner Juliette? dit Léonard, d'une voix qu'il s'efforce à rendre calme malgré le dépit qui lui fait éprouver en ce moment la soumission de la jeune épouse.

— Non, merci de ta complaisance, mon ami, car il est prudent et de toute bienséance que Juliette ne paraisse pas sans moi trop souvent dans le monde; la réputation d'une femme est chose si fragile, qu'on ne peut trop prendre de précautions pour la soustraire à la médisance, et malgré l'extrême confiance que je place en toi, mon bon Léonard : je suis forcé de repousser tes offres amicales. Après un tel refus, toute espérance fut ravie aux deux jeunes gens, et la conversation roula froidement sur divers sujets jusqu'à ce que, pressé par ses occupations, Desroches les invita à vouloir bien le laisser seul.

Il était huit heures du soir alors, et Juliette en regagnant son appartement, se préparait d'un air chagrin à donner le bonsoir à Léonard, lorsque celui-ci la prenant par la main, lui demanda encore quelques mots d'entretien, puis arrivés dans le salon :

— Juliette, dit Léonard, à onze heures, une voiture nous attendra à vingt pas de cette demeure, soyez prête, je viendrai vous prendre...

— O ciel! que voulez-vous dire ?... s'écrie l'épouse de Desroches, en fixant Léonard avec effroi et surprise.

— Que votre époux devant écrire une partie de la nuit, rien ne doit vous empêcher de venir quelques instans à ce bal dont la privation vous paraît si cruelle.

— Y pensez-vous, Léonard? Que dirait mon mari s'il venait à découvrir que malgré sa défense....

— Il vous a plu de goûter quelques instans d'un plaisir naturel à votre âge, n'est-ce pas? interrompt Léonard; mais il ne dira rien, parce qu'il ne saura rien, car, retenu à son bureau, et n'ayant nulle méfiance, il ne s'avisera certainement pas, exprès pour nous faire enrager, de venir s'informer par lui-même si vous dormez ou dansez. Or, donc, point d'hésitation, loin de vous toutes craintes; à onze heures au bal, à deux heures, le retour sous le toit conjugal...

Impossible, Léonard, ma femme de chambre s'apercevrait de mon absence, et cette démarche imprudente me mettrait à sa merci.

—Calmez ces vains scrupules, cette femme ne vous est-elle pas entièrement dévouée?

— Léonard, n'essayez point à me séduire, à me faire faillir à l'honneur en trompant le plus confiant et le plus digne des hommes.

— Alors, sans regret, et pour une sotte panique, vous renoncez au plus attrayant des plaisirs, aux hommages sans nombre dont vous eut entourée cette nuit, une foule d'adorateurs, et cette toilette si gracieuse, si fraîche aura été confectionnée en pure perte?

— C'est bien dommage, car elle est délicieuse ma toilette, et le plaisir de m'en parer était de toute la fête le charme le plus attrayant pour moi.

— Et moi, qui m'en promettais un si doux à vous voir ainsi parée.

— Vraiment?

— Sur l'honneur!

— Eh bien, je veux vous procurer ce plaisir en m'habillant comme si j'allais au bal ; avec cela, voyez-vous, je meurs d'envie de connaître l'effet que produira cette parure ; revenez donc dans une heure, et vous jugerez si j'ai bon goût.

— Charmante idée ! fait Léonard animé d'une secrète joie, j'accepte votre aimable proposition ; je pars, et dans une heure je reviens adorer la plus gracieuse des divinités.

Cela dit, Léonard dépose un baiser sur la main de Juliette et s'éloigne aussitôt. Restée seule, la jeune femme sonne sa femme de chambre.

— Véronique, je ne vais point au bal, mon enfant.

Est-ce possible, madame ?

— Hélas ! oui, il le faut bien puisque mon mari m'en refuse la permission.

— Grand Dieu! quelle tyrannie.

— Non, Véronique, ce n'est point par tyrannie, mais bien parce qu'il ne peut m'accompagner, des affaires importantes le forcent à écrire la nuit entière.

— A écrire la nuit entière, reprend Véronique souriant avec malice, mais du tout, madame est dans l'erreur, car monsieur est absent depuis une demi-heure, et je lui ai entendu, en partant, dire tout bas à Germain de ne pas l'attendre, parce qu'il ne rentrerait pas de la nuit.

—En vérité? répond Juliette avec surprise; puis, après un instant de réflexion : absent pour la nuit et m'en avoir fait un mystère, ajoute-t-elle, mon Dieu! mon Dieu! qu'est-ce que cela veut dire?... Bah! quelques fortes raisons sans doute, et j'aurais tort de m'alarmer; Desroches peut-il jamais faire mal?.... Véronique, sortez ma robe de bal, et coiffez-moi.

— Madame se ravise donc?

— Non, mademoiselle, je ne sors pas de chez moi, surtout en l'absence de mon mari, mais il me plaît d'essayer ce costume, de voir comme il m'ira, allons dépêchez-vous.

La soubrette ne réplique plus, et ses mains s'emparent aussitôt de l'ondoyante et blonde chevelure. Après un moment de silence et de méditation :

—Véronique, fait Juliette, vous aurez mal entendu, mon mari ne peut avoir donné un tel ordre à Germain; car nulle affaire, je le pense, ne l'appelle la nuit hors de chez lui.

— Pardonnez, madame, la chose est telle que je vous la rapporte, et si vous en doutez et que vous le permettiez, je puis appeler Germain, qui vous la répètera lui-même.

— Y pensez-vous, Véronique? M. Desroches ayant parlé bas à son domestique, veut tenir son absence secrète, ce serait mal alors de chercher à faire parler ses gens.

La servante ne répond plus et se contente de grimacer un sourire sardonique, qui, malgré la glace échappe aux regards de la jeune femme.

Juliette est parée, sa toilette est divine; mais depuis la nouvelle donnée par Véronique, le joli visage s'est rembruni d'une teinte d'inquiétude qui s'accorde peu avec le léger costume et la fraîche couronne qui orne la tête de la sylphide, et loin de se mirer avec complaisance, c'est dans un fauteuil que Juliette va se placer triste et silencieuse. Un instant venait de s'écouler, lorsque Véronique rentra pour annoncer Léonard.

— Admirable! à faire tourner toutes les têtes, s'écrie ce dernier en entrant, après avoir jeté un coup-d'œil sur l'épouse de Desroches, mais qu'avons-nous donc, ma chère Juliette : ce joli corsage serait-il trop étroit, nos manches seraient-elles non gracieuses, enfin quoi donc a pu exciter la charmante petite moue qui se peint sur ce ravissant visage?

Juliette hésite à répondre, puis pressée par le jeune homme, fait part de l'inquiétude que lui fait ressentir l'absence mystérieuse de son mari.

— Oh! oh! voilà qui me surprend fort, comment un sage, l'homme par excellence, s'absenter la nuit en cachette! Amour, amour, voilà de tes traits! s'écrie Léonard d'un ton léger et le sourire moqueur sur les lèvres

—Quelle horrible inculpation! Quoi, monsieur, vous osez accuser Desroches et douter de la pureté de son caractère?

—Je n'accuse personne et ne doute de rien, madame.

— Pardon, monsieur, votre acclamation est une accusation formelle, c'est taxer mon époux d'inconstance.

— Soit !!! mais inconstance n'est pas vice, seulement un sentiment naturel chez nous.

— C'est un crime, vous dis-je, un crime affreux que je n'excuserai même pas chez mon époux.

— Quand on aime, l'on pardonne tout, reprend Léonard.

— Hors l'infidélité, monsieur, et la peine infligée au coupable n'est jamais assez forte selon moi.

—Prenez donc garde, madame, vous vous animez et chiffonnez sans y prendre garde cet heureux ruban qui presse votre taille; ne vaudrait-il pas mieux cent fois le montrer dans toute sa fraîcheur à ce bal qui vous réclame?

— Et qui me réclame en vain, monsieur; car vous ne pouvez avoir oublié la défense de mon époux.

—Puisse-t-il en ce moment, loin de vous, être aussi scrupuleux envers les devoirs que lui impose son titre d'époux.

— Je connais mon mari, monsieur, et sa conduite ne m'inspire nulle crainte.

— Vous êtes heureuse, madame, et je vous félicite, quant à moi...

— Interprétant mal son absence de ce soir, vous le jugez coupable, peut-être aux pieds d'une maîtresse, n'est-ce pas? dit Juliette avec vivacité, et fixant son regard sur le jeune homme.

— Franchement, oui! s'écrie ce dernier avec assurance. Ah? ce que vous venez de dire là est affreux et me fait bien du mal. Hélas! si cette accusation était malheureusement vraie! ajoute Juliette en portant douloureusement la main à son cœur.

— Votre cœur aurait soif de vengeance n'est-ce pas; eh bien! commencez dès ce soir à satisfaire ce besoin en me procurant le bonheur de vous accompagner au bal de madame Darcis, qui sait si là vous ne trouveriez pas Desroches attaché aux pas de quelques belles ?

— C'est impossible, fait Juliette tout émue et tremblante.

— Et moi je pense le contraire ; car enfin, pourquoi vous avoir éloignée sous le faux prétexte d'une longue et sérieuse occupation ? Pourquoi la nuit cette absence mystérieuse...

— Assez, monsieur, car j'accepte votre proposition ; partons pour ce bal, hâtons-nous !

— Je suis à vos ordres, belle Juliette, partons, ma voiture attend à vingt pas de cette maison.

Juliette ne prononce plus un mot, sa main tremblante est dans celle de Léonard qui l'entraîne avec force ; ils ont franchi l'escalier, passé devant la demeure du concierge sans que celui-ci eût aperçu la jeune femme ; à un signal, la voiture s'avance et part aussitôt avec rapidité.

Il est une heure du matin, le bal donné par madame Darcis est en ce moment dans toute sa beauté, mille bougies éclairent les salons.

La foule est immense, et les danses se succèdent avec rapidité. Léonard et Juliette ont fait leur entrée, déjà une foule de jeunes cavaliers entoure l'épouse de Desroches et se disputent l'honneur de danser avec elle, et Juliette, dont les regards, depuis son entrée dans le salon n'ont cessé de se promener de tous côtés avec inquiétude, accepte par distraction, danse sans bonheur ni gaîté; puis rendue au bras de Léonard, s'empresse de parcourir la foule dans l'espoir de découvrir son époux.

Peine inutile, Desroches n'est point là. Juliette est triste, ce bal d'abord n'a pour elle nul attrait, et cependant on l'entoure, on l'encense, on envie un de ses moindres regards, un mot, un sourire d'elle enchantent celui à qui il s'adresse; enfin tant d'hommages, de soins d'adulations finissent par étourdir; enivrer celle qui en est l'objet; peu à peu la tristesse fait place au sourire, les galans propos achèvent la métamorphose, et Juliette, devenue oublieuse de ses peines jalouses, se livre à tous les charmes d'une nuit de plaisir, tandis que non loin d'elle, et de groupe en groupe, Alfred, à demi-voix, dit à qui veut l'entendre :

— Ce Léonard est-il heureux d'être l'amant aimé d'une aussi jolie femme.

XIX.

UN NUAGE, UN DÉPART.

— Oui, ma chère Juliette, une affaire de la plus haute importance me contraint à m'éloigner de toi l'espace d'un grand mois; il y va de ton intérêt, de ton bonheur. Quoique certain de ta discrétion, je me vois forcé avec regret de te faire un mystère de ce qui nécessite cette longue absence, dont l'heureux résultat, je l'espère, te comblera de joie; cesse donc de me questionner, mon amie, et permets avant de m'éloigner que je te confie aux soins et à la prudence de Brichard et de son épouse, qui m'ont promis de venir momentanément habiter près de toi, ainsi disait Desroches, le lendemain du bal de madame Darçis, après avoir fait appeler sa femme dans son cabinet.

—Partez donc, monsieur, puisqu'il ne m'est pas possible de vous retenir, et qu'un devoir important l'emporte sur les larmes, les prières de votre femme; mais avant, permettez-moi de me plaindre de ce continuel mystère qui depuis plusieurs jours enveloppe toutes vos démarches, et que j'ai le droit de trouver injurieux à mon égard.

— Quel langage, ma Juliette, et que dans ta bouche il est pénible pour mon cœur.

Quoi, oserais-tu douter de ma franchise et craindre de ma part quelques actions contraires à l'honneur ?

— A l'honneur, non, mais à la constance conjugale, répond Juliette avec effort.

— Quelle idée ! s'écrie Desroches en souriant, et qui peut, ma chère amie, te faire croire à une pareille faiblesse de ma part ?

— Votre absence de cette nuit, monsieur.

— Mon absence ! répète Desroches, avec surprise et embarras.

— Oui, monsieur, osez la nier ! dit Juliette avec fermeté.

— Je m'en garderai bien, car jamais un mensonge n'a souillé mes lèvres.

— Alors, vous allez m'apprendre, monsieur, chez qui vous avez passé la nuit entière, puisqu'à neuf heures, ce matin, vous n'étiez point encore rentré.

—Juliette, répond le mari en prenant avec aménité la main de sa jeune épouse, à mon tour, j'aurais le droit de m'offenser d'une demande faite d'un tel ton de superiorité; mais j'excuse ce qu'elle a de rudesse pour moi en faveur de l'inquiétude où a dû vous plonger une absence si peu ordinaire à mes habitudes.

— Ainsi donc, monsieur, il ne vous plaît pas de m'instruire.

— Pas entièrement, mais qu'il vous suffise, ma chère, d'apprendre qu'une affaire urgente exigeait ma présence à Luzarches, où m'attendait une personne qui devait partir en poste pour l'Allemagne.

— Un homme?

— Non, une dame, reprend Desroches.

— Une dame! exclame Juliette en laissant tomber sa tête sur son sein.

— Oui, qui vous est entièrement étrangère,

et que je ne puis vous faire connaître en ce moment.

— Sans doute cette demoiselle Prudence Verbois, l'objet de votre admiration et de tous vos respects?...

—Non! Juliette, non, ce n'est pas elle.

— Qui donc alors, monsieur? s'écrie la jeune femme d'un ton impatient, et frappant presque le parquet de son pied mignon.

—Hé quoi! du dépit, de l'impatience, ah! c'est mal, Juliette, répond Desroches avec sang-froid. Je vous le répète, cette dame vous est inconnue, et son nom jusqu'alors doit être pour vous un secret qu'il ne m'appartient pas de divulguer, mais fiez-vous à ma délicatesse, à la tendre fidélité que vous savez si bien inspirer à votre époux, et bientôt, ma Juliette, ajoute-t-il d'un air tendre, je reviendrai près de toi expliquer ma conduite et te rendre la femme la plus heureuse du monde. Surtout, pendant mon absence, soigne bien ta santé; n'oublie pas que dans ton sein se forme le doux fruit de notre union, un enfant enfin! que je vais chérir à l'égal de sa mère.

— Une femme! une femme! exclame Juliette qui, absorbée dans ses réflexions n'a point entendu les dernières paroles de son époux.

— Quoi encore! toujours la crainte, le mécontentement, dit l'époux d'un ton affecté.

— Oui, monsieur, oui, je trouve affreux que votre femme ne soit pas digne de votre confiance, que vous ayez des secrets pour elle, lorsque jamais elle n'en eut pour vous, que sans cesse son cœur vous fut ouvert.

Desroches ne répondit pas, et n'entrevoyant dans les reproches de Juliette qu'un dépit jaloux, qui intérieurement flattait son amour-propre, se contenta de laisser échapper un léger sourire.

En ce moment, leur entretien fut interrompu par l'arrivée inattendue de Brichard, venant annoncer celle de sa femme qu'il précédait de quelques instans.

— Merci de ton exactitude, mon cher ami, dit Desroches au petit homme, toi et ta femme arrivez à propos pour faire entendre raison à cette folle de Juliette qui boude et me gronde depuis plus d'une heure sans vouloir entendre raison.

— Bah! qu'est-ce que cela, une heure de bouderie en ménage? lorsque ma femme me gratifie depuis un mois de la mine la plus désespérante, sans que je puisse deviner ce qui a pu exciter un pareil changement dans son humeur.

— Cela m'étonne, Annette ordinairement si douce, d'un caractère si égal, c'est que tu lui auras joué quelques mauvais tours dont elle se sera aperçue dit Desroches.

— Moi ! incapable. Mais laissons cela et apprends-moi si ton voyage tient toujours pour ce soir, comme la lettre que tu m'as envoyée ce matin me l'a annoncé.

— Ce soir, sans remise, mon cher, car les chevaux de poste sont retenus.

— Courir la poste cette nuit après avoir passé la précédente au bal, y penses-tu ; n'y avait-il moyen de remettre ton départ à demain ?

— Moi, j'ai passé la nuit au bal ? tu es fou, Brichard !

— Ah ! par exemple, voilà qui est fort, oser nier une chose si innocente.

— Non, te dis-je, ni ma femme ni moi n'avons été au bal, tu as rêvé cela, mon cher.

— Comme tu le voudras, Desroches, reprend le petit homme, sans s'apercevoir de la rougeur du Juliette qui tremblante, l'œil fixé sur lui, guette un de ses regards afin de lui imposer silence par un signe.

— Mais alors, continue Brichard, donne donc un démenti au neveu de madame Darcis, que je viens de rencontrer dans ta rue, et qui, en me vantant les grâces et la beauté de ta femme, m'assurait avoir dansé cette nuit même avec elle.

— Cet homme s'est moqué de toi, n'est-il pas vrai, Juliette?... reprend Desroches en fixant sa femme, mais Juliette troublée, confuse et les yeux baissés, garde un profond silence.

— Mais, dis donc à ce crédule personnage qu'on lui en a imposé, que sans ton époux tu n'aurais point été à ce bal.

— Je mentirais alors, monsieur, car le neveu de madame Darcis a dit la vérité, répond Juliette d'une voix émue et sans oser fixer son époux.

— Serait-ce possible ? s'écrie Desroches en faisant un soubresaut sur son siège.

— Oui, monsieur, fait Juliette en laissant échapper une larme.

— Diable ! diable ! je viens de commettre une grande indiscrétion se dit Brichard lui-même en fixant les époux avec inquiétude.

— Et qui vous avait permis une démarche aussi inconsidérée, madame ? quoi, vous avez osé me tromper et vous compromettre à ce point, vous Juliette, en qui je plaçais tant de confiance et d'estime ? ah ! cet affreux ! impardonnable !

— Oh, grâce ! grâce ! monsieur, car je sens combien j'ai eu tort, mais hélas ! je venais d'apprendre votre absence de ce logis, j'osais douter un instant de votre droiture, et pansant vous trouver à cette fête, vous surprendre en infidélité, je m'y suis rendu sans votre permission.

— Seule, madame? demande Desroches.

— Accompagnée de Léonard, répond Juliette avec crainte.

— De Léonard!... reprend l'époux avec indignation, puis après avoir réfléchi un instant, alors ne me rencontrant pas dans ce monde, certaine de mon absence, sans doute que vous revîntes de suite chez vous?..

— Non, fait Juliette d'une voix faible.

— Or donc, oubliant votre devoir, et chassant loin de votre pensée vos craintes injurieuses et jalouses, vous dansâtes toute la nuit entière?...

Juliette, confuse, attérée, n'a plus la force de répondre.

— Alors, puisqu'il en fut ainsi, permettez moi donc, madame, de n'attribuer qu'à la dissipation, à votre soif insaciable de plaisir, une démarche aussi blâmable que nuisible à votre réputation.

— Allons, mon bon Desroches, pourquoi donc prendre la chose ainsi au sérieux, lorsque la vertu de cette chère Juliette est pour toi un sûr garant que le plaisir de la danse fut le seul motif qui la retint à ce bal?

— Silence, Brichard, et ne cherche pas à excuser une pareille conduite, d'autant plus impardonnable, que dans l'intention de complaire à madame, oubliant ma répugnance pour le monde et le bruit, sacrifiant mes goûts paisibles et sédentaires, depuis un an je reçois chez moi nombreuse société : je fréquente les réunions, les bals, les spectacles, et que pour prix de tant de sacrifices, de fatigues, je ne réclame de sa complaisance et non de sa soumission, que quelques jours par mois, d'un repos nécessaire à sa santé, surtout dans un commencement de grossesse.

— Desroches, je t'en prie, mon ami, prends pitié de ses larmes, vois, comme elle pleure, voilà du repentir ou je ne m'y connais pas.

En effet, Brichard avait raison d'intercéder pour la pauvre Juliette, si désolée en cet instant, dont les yeux supplians se fixaient sur l'époux offensé, avec l'expression du plus sincère regret, enfin attendri par tant de douleur, plus encore entraîné par l'amour extrême qu'il n'a cessé un seul instant de ressentir pour sa femme, Desroches lui prend la main, l'attire sur ses genoux, sur son sein, puis lui dit :

— Je te pardonne, ô ma Juliette ! mais à l'avenir, que plus de prudence règne dans ta conduite... Au nom du ciel ! en réitérant une telle imprudence, ne me fais point repentir d'avoir uni ton sort à celui d'un homme trop âgé pour toi, dont les goûts, les habitudes, ne pouvaient sympathiser long-temps avec ta folle jeunesse, souviens-toi, mon amie, qu'avant le jour où tu devins mon épouse, ma bouche t'exprima les craintes de mon cœur, que je te prévins que l'âge mûr viendrait chez moi avant que toi-même n'eût atteint celui de la raison, et qu'alors, croyant ton amour plus fort que la nature, tu me promis de consacrer tous les instans de ta vie à embellir celle de ton époux ; souviens-toi aussi, Juliette, que je fus trop généreux pour accepter en entier un sacrifice au-dessus de tes forces ; et devenu ton mari, j'ai cherché à te distraire, à te faire goûter les plaisirs qui conviennent à ton âge.

— Oh! oui, oui! vous fûtes toujours le plus digne des hommes, et moi, une ingrate indigne de votre touchante sollicitude.

— Non, non, ma Juliette, tu es encore digne de tous mes soins et de ma tendresse, et si j'ai blâmé en toi un moment d'imprudence, ô mon amie! c'est que ta réputation m'est plus chère que l'existence ; qu'en l'exposant inconsidérément, ce monde, où tu cherches des distractions, des hommages flatteurs, ne manqueraient pas de la flétrir sans pitié, de détruire à jamais ton bonheur et celui de ton époux.

— Bien parlé ! il me semble entendre madame Brichard, lorsque je lui ai donné quelques petits sujets de plainte, dit le mari d'Annette ; et se frottant les mains d'un air joyeux, ah çà ! la paix est faite, laissons les larmes de côté, et comme l'heure s'avance, songeons à bien dîner avant de te mettre en route, mon cher Desroches.

En ce moment, un domestique vient annoncer Léonard ; à ce nom, Desroches sent son cœur bondir d'indignation, et Juliette, un nouveau tremblement agiter tous ses membres...

— Qu'il attende ! répond aussitôt le maître du lieu, et s'armant d'une plume, Desroches trace quelques lignes qu'il présente au valet en lui commandant de les remettre au visiteur malencontreux ; puis après, s'approchant de son épouse :

— Juliette, dit-il, je viens de fermer à jamais la porte de cette demeure à l'ingrat Léonard, c'est vous dire qu'entre lui et nous il ne doit à l'avenir exister aucune liaison.

Juliette, en entendant cet arrêt sévère, reste muette, mais ses yeux se levant suppliants vers ceux de son mari, semblent demander grâce pour le coupable.

— Non, dit Desroches, point de pitié pour l'être qui, foulant aux pieds la reconnaissance, jette la désobéissance, le trouble, dans la demeure de son bienfaiteur.

— Diable! diable! tu es bien sévère et rancunier, mon cher, et cependant tout le crime ne consiste que dans une escapade de jeunesse.

— Silence! Brichard, et ne cherche point à excuser à mes yeux celui qui ne le mérite pas. Léonard, grâce à mes bontés, est dans le chemin de la fortune, son âge l'affranchit de toute tutelle; mon secours lui devient donc inutile; qu'il soit heureux loin de nous, et que je ne le revoie jamais!

En vain, recouvrant son courage, Juliette essaya-t-elle de faire entendre quelques mots en faveur de son complice, plus même, de s'appliquer la faute entière, en assurant avoir contraint le jeune homme à l'accompagner au bal, Desroches demeure inflexible.

L'heure s'avançait, on n'attendait plus qu'Annette pour se mettre à table. Elle arrive, son air est maussade, courroucé même, et sa voix ne répond qu'avec aigreur au reproche que lui adresse son époux, d'un ton humble bénin, sur sa longue absence.

— Qu'as-tu donc, mignonne, tu parais chée contre ton cher petit mari?

Sans daigner répondre à cette demar

Annette tourne le dos à Brichard, et se rendant à l'invitation de Desroches, passe avec lui et Juliette dans la salle à manger.

Le repas a été court, silencieux, la contrainte a régné parmi les convives. Sept heures et demie sonnent à la pendule du salon, les pas des chevaux de poste retentissent dans la cour.

— C'est à vous, mes bons amis, que je recommande ma Juliette et le fruit que renferme son sein, dit Desroches d'une voix émue à Brichard et son épouse, dans peu, j'espère avoir terminé d'une manière satisfaisante, l'affaire importante qui m'appelle loin de vous, et revenir en hâte près de tout ce qui m'est cher, près de toi, ma Juliette adorée.

En disant, l'époux pressait sa jeune femme sur son cœur en l'entourant de ses bras caressans.

— Adieu, mon amie, oublie un instant de

sévérité qui, jamais sans doute, ne se renouvellera, parce que douce, prudente à l'avenir, ton époux n'aura qu'à te chérir.

Huit heures. Il faut se séparer! encore des adieux, des larmes échappées des yeux de Juliette. Quelques minutes après, la chaise de poste entraînait le mari loin de sa femme et de ses amis.

XX.

LE BOIS DE BOULOGNE.

Il y a deux jours que Desroches est parti, deux jours que Brichard et sa femme habitent près de Juliette, et deux jours que le petit homme, affrontant l'humeur de son épouse, lui demande en vain le sujet de son courroux, sans pouvoir obtenir la moindre explication. Quant à Juliette, heureuse du pardon de son mari, chez elle la gaîté a repris son empire, quoique tourmentée secrètement par certain voyage mystérieux dont elle s'efforce en vain de deviner le sujet... n'importe! Un homme, du caractère de Desroches, ne doit rien faire ni entreprendre d'irréprochable, et Juliette se promet alors d'attendre sans crainte un retour qu'elle désire de toute la force de son âme. Brichard, Annette, cherchent à la distraire de leur mieux, mais ils sont trop bourgeois et la fatiguent à force de petits soins. Trois jours encore d'écoulés, Juliette, malgré sa ferme résolution de ne prendre aucun plaisir dans l'absence de son mari, commence à éprouver un peu d'ennui, à trouver le toit conjugal d'une monotonie assommante, et à manifester le désir d'un tour de promenade. Volontiers, car Annette n'a rien à refuser à son amie, seulement, il est malheureux que ce caprice lui prenne dans l'absence de Brichard, sorti de grand matin, n'importe! ces dames se passeront de lui ; la matinée est une des plus belles du mois d'avril, elles iront ensemble déjeuner au bois de Boulogne. La chose convenue est aussitôt mise à exécution, et leur voiture se dirige vers la promenade indiquée. Mais quelle est la surprise de Juliette et de sa compagne, lorsque parvenu dans le haut des Champs-Elysées, elles reconnaissent Léonard et Alfred dans les deux cavaliers qui depuis long-temps suivaient leur voiture et qui, après s'être approchés leur adressent un gracieux salut.

— Rencontre fortunée ! qui me dédommage en cet instant d'un funeste exil.

— Léonard, éloignez-vous, répond Juliette, car Desroches a rompu tous les liens d'amitié qui vous unissaient à nous.

— Hélas! serait-ce possible, Juliette, que vous partagiez le ressentiment de votre époux ? ressentiment juste peut-être, mais que je me suis attiré en cherchant à vous complaire.

— Comment, ce monstre de Brichard laisse ainsi deux jolies femmes courir les champs sans cavalier, et abandonne une épouse charmante pour le bras d'une femme dénuée de grâce et de tournure... Ah! c'est affreux!..

Ainsi disait Alfred à Annette, caracolant à la portière qu'elle occupait, tandis que Léonard, d'un ton sentimental, entretenait Juliette du côté opposé.

— Mon Dieu! que parlez-vous donc de femme sans grâce que promène mon mari?.. quel jour et en quel endroit? dit Annette avec inquiétude.

— Quoi! ne le savez-vous pas?

— Non, en vérité; mais de grâce! M. Alfred, veuillez m'instruire...

— Ma foi ! madame, j'ai peut-être commis une imprudence... mais il y a tout au plus une demi-heure que, rencontrant votre époux au bois de Boulogne, donnant la main à une femme, j'ai pensé que cela pouvait être une de ses parentes, et ne songai nullement à une indiscrétion en vous en donnant la nouvelle.

— L'indigne ! sans cesse de nouvelles intrigues, exclame Annette avec dépit... oui, monsieur, oui, vous avez bien fait de m'instruire... Ah ! si je pouvais le surprendre en flagrant délit !... dites, M. Alfred, de quel côté se dirigeait-il ?

— Mais, du côté de la porte Longchamps, où, dit-on, il existe certain restaurateur chez lequel les cabinets sont aussi mystérieux que la cuisine est délicate.

— C'est là, monsieur, qu'il faut me conduire et m'aider à confondre mon mari.

— Ah! madame! qu'exigez-vous de moi?..

— Votre secours pour m'aider à venger une injure.

— Eh! madame, croyez-moi, je connais une vengeance beaucoup plus sûre dans laquelle je m'estimerais fort heureux d'être votre complice, laissons donc votre infidèle, et me prêtant une oreille attentive, veuillez entendre tout ce que mon cœur éprouve d'amour pour votre gracieuse personne.

— Il faudrait, monsieur, me prouver la vérité de l'accusation que vous portez contre mon époux, ensuite, je verrai ce que j'aurai à faire.

— Rien de plus facile, charmante Annette, confiez-vous à moi, et je vous conduis vers votre inconstant et sa disgracieuse maîtresse.

La voiture avait atteint le bois, puis se dirigeait en cet instant d'après l'ordre d'Annette, vers la porte du Longchamps à quelques distances de laquelle elle s'arrêta pour laisser descendre les deux dames à qui Alfred et Léonard offrirent tous deux la main.

— Venez, monsieur, venez, car voilà sans doute l'endroit dont vous m'avez parlé? dit l'épouse de Brichard en indiquant la maison du restaurateur faisant l'encoignure de la porte du bois.

— Oui, c'est cela même répond Alfred, suivez-moi donc.

Et tous deux se dirigent vers l'endroit indiqué après avoir prié Léonard et Juliette de les attendre à quelques distances.

— Oui, Juliette, il vous trompe vous dis-je cet homme qui osa m'éloigner de vous, celui, qui m'a ravi indignement votre précieuse possession après avoir attisé en moi tous les feux du plus violent amour, je vous le répète, Desroches n'est point parti seul, une femme jeune et belle l'attendait hors Paris, est montée dans sa chaise de poste et voyagea en ce moment avec lui, quelle preuve plus grande vous faut-il donc de sa perfidie ?..

— Ah! vous me désespérez, Léonard! hélas! quel affreux plaisir prenez-vous à jeter dans mon cœur tous les poisons de la jalousie ? Desroches! Desroches infidèle, en aimer une autre que Juliette, oh! voilà pour moi le comble du désespoir.

— Chère Juliette, calmez ce transport déchirant, traître en amour comme en amitié, est-il digne l'ingrat, des larmes qu'il vous fait répandre ? croyez-moi, ma douce amie, laissez pour lui les remords, le tourment, et que votre indifférence le punisse de sa déloyauté...

— Mais vous, monsieur, qui l'accusez à mes yeux, ne seriez-vous pas le plus perfide des deux, vous m'aimez dites-vous et regrettez une union avec moi, qui m'assure en ce moment, que pour unir à un rival, vous ne calomniez pas mon époux?....

— Quel odieux soupçon! s'écrie Léonard, feignant l'indignation, moi calomnier Desroches, troubler votre repos, lorsque au prix du mien je voudrais assurer le vôtre! oh! non, je prends le ciel à témoin de la sincérité de mes paroles.

Alors Léonard raconte que présumant de quelques intrigues de la part de Desroches, il avait fait suivre ses pas depuis plusieurs jours, épier ses démarches et apprit qu'il fréquentait depuis quelques temps une madame Hennerie jeune veuve d'un colonel mort à Alger, qu'avec elle, Desroches, avait passé à Luzarche, la nuit qui avait précédé le jour de son départ, enfin, que cette femme était la même qui était montée en voiture avec lui et l'accompagnait à Anvers où ils se rendaient ensemble. Juliette avait écouté, puis, absorbée dans sa douleur, long-tems était resté pensive et silencieuse et comme sortant d'un rêve pénible.

— Cette femme! monsieur, quelle est sa demeure? demande-t-elle.

— Rue du Bac 102, repond Léonard sans hésiter.

— Retournons à Paris, hâtons-nous, répond Juliette en se dirigeant avec vitesse du côté où elle a laissé sa voiture.

En vain Léonard, s'efforce-t-il d'arrêter sa course, de chercher à la retenir, la jeune femme n'écoute plus rien et la voyant partir avec rapidité, le jeune homme saute sur son cheval et galope après la voiture avec laquelle il rentre dans la capitale et se dirige vers le faubourg St.-Germain.

Durant le temps qui vient de s'écouler, une scène plus comique s'était passée dans une autre partie du bois, Alfred, selon son désir et la volonté d'Annette, avait conduit cette dernière jusqu'à la porte du restaurateur où elle comptait surprendre un époux en adultère, mais son désappointement avait été grand de ne point y rencontrer le coupable malgré ses recherches dans la maison dont les salons et cabinets étaient déserts pour le moment, alors, colère et méfiance d'Annette, se croyant la dupe des mensonges d'Alfred à qui elle manifesta son mécontentement après l'avoir rejoint, serment de celui-ci, sur la véracité de son accusation, mais, la jeune femme ne l'écoute plus et demande à rejoindre Juliette, où est-elle? ne devaient-ils pas, Léonard et elle, les attendre dans cette avenue, et cependant ils n'y aperçoivent âme qui vive.

— Cherchons, dit le jeune homme.

Et ils marchent, cherchent, appellent, personne ne répond.

— Retournons vers la voiture peut-être nous y attendent-ils, fait Annette.

Et ils retournaient sur leurs pas lorsqu'au détour d'une allée apparaissent à leurs yeux un homme et une femme qu'un garde du bois gourmandait et forçait à marcher devant lui.

Oh ciel! c'est Brichard puis sa complice, que ce maudit homme vient de dénicher au fond d'un taillis, dans une position plus qu'équivoque et qu'il conduit par devant monsieur le maire de la commune la plus voisine.

La toilette des coupables est plus que négligée, ils marchent la tête basse, l'air contrit et viennent, surtout Brichard, se jeter le nez sur Annette, ils se reconnaissent, un cri s'échappe de chaque bouche, chacune des parties reste pétrifiée, hors la compagne de Brichard qui, profitant de la stupéfaction générale et de l'instant où la garde est occupée à toiser les nouveaux venus des pieds à la tête, s'échappe dans un fourré et disparaît à tous les yeux, mais, pas assez à temps pour qu'Annette n'ait pas eu celui de reconnaître en elle son ancienne femme de chambre.

— Eh! bien, monsieur, nierez-vous encore que vous êtes le plus perfide et le plus incorrigible des hommes? dit l'épouse offensée.

— Tout-à-fait, ma mignonne; ne peut-on se promener avec une dame, sans violer la foi conjugale?

— Infâme! avec une femme de chambre encore... quelle humiliation!

— Je t'assure, ma tendre amie, que tu es tout-à-fait dans l'erreur, car je me promenais seul, lorsque je rencontrai Toinette il y a un instant.

— Dans le fourré, où je viens de vous prendre en accointance charnelle, sans doute? dit le garde brusquement... Allons, assez causé, suivez-moi chez le maire, et comme votre complice m'a brûlé la politesse, vous paierez pour deux.

— Homme insensible! pourquoi irriter la susceptibilité de mon épouse par vos rapports mensongers? reprend Brichard, de plus en plus embarrassé, et dans l'intérieur, donnant au diable le garde et la rencontre d'Annette.

— Vous voyez, monsieur, cet homme vous a surpris dans un coupable commerce.

— Mais, vous-même, madame, que faites-vous en tête-à-tête dans ce bois avec un jeune homme, dit Brichard en se redressant et fixant des yeux colères sur Alfred.

— Ne pensez pas, monsieur, vous armer d'une fausse apparence; sachez que nous ne sommes pas seuls, monsieur et moi, et qu'à deux pas d'ici, nous attendent Léonard et madame Desroches.

— Hum! hum! fait Brichard en branlant la tête en signe de mécontentement.

— Ah çà! avez-vous bientôt fini toutes vos explications, et me croyez-vous fait pour attendre vos commodités... Allons, marchons!

Et le garde, en disant, empoignait le pauvre Brichard par le bras.

— Un instant donc! dit l'époux hors de lui.

— Mais n'y a-t-il aucun moyen de couper court à cette ridicule affaire? demande Alfred.

— Dam! ça dépend, répond le rigide gardien des domaines de la liste civile.

— Je pense qu'une pièce d'or, en échange de la liberté de monsieur, pourrait mettre les parties d'accord.

— Je crois que oui, dit le garde en avançant déjà la main.

— Alors donc, M. Brichard, hâtez-vous d'en finir, en vous exécutant de bonne grâce.

— C'est très bien; mais qu'une autre fois, je ne vous y reprenne pas, reprend l'homme en mettant dans sa poche la pièce de vingt francs que le délinquant, en grimaçant, vient de sortir de la sienne.

— Maintenant, madame, que je suis libre, vous allez m'expliquer plus longuement l'étrangeté de votre présence en ce lieu sous le bras de monsieur, et me mener de suite près de madame Desroches.

— Oui, monsieur, car j'ai hâte de vous prouver qu'ici il n'y a d'autre fauteur que vous, pour pouvoir ensuite vous exprimer toute l'indignation que m'inspire une conduite, de laquelle, depuis long-temps, je crois avoir à me plaindre.

Cela dit, on se met en marche, et après plusieurs tours et détours, on parvient à rejoindre l'endroit où le cocher avait reçu l'ordre d'attendre. Plus de voiture, où est-elle? est-ce que, lassée de ne les point voir revenir, Juliette serait retournée sans eux à Paris? La chose est probable, puisque rien ne se présente, et ne répond à leur voix.

— Je vous le disais bien, madame, que vos paroles n'étaient que mensonges... Où donc est madame Desroches? cette voiture qui avec elle a dû vous amener en ce lieu? dit Brichard en faisant de gros yeux.

Annette, assez embarrassée, malgré son innocence, en voyant les apparences tourner contre elle, s'efforce de convaincre son époux, en appele à la déposition d'Alfred, révoltée enfin de l'incrédulité de son mari, piquée jusqu'au vif, elle finit par s'emporter, et l'accabler de reproches sur ses torts trop réels, puis, le visage baigné de larmes, elle s'échappe, et fuyant à travers les avenues, et disparaît aux regards surpris de Brichard et d'Alfred.

— M. Brichard, vous êtes un monstre de désoler ainsi une femme charmante.

— Monsieur! vous me semblez bien hardi, après votre conduite, d'oser trouver à redire à la mienne; savez-vous que si j'avais des armes, je vous demanderais sur-le-champ réparation de l'injure que vous avez imprimée sur mon front! reprend l'époux d'Annette se redressant de son mieux et toisant Alfred avec dédain.

— Qu'à cela ne tienne, M. Brichard, car je puis vous satisfaire à l'instant même, ayant justement deux pistolets dans ma poche.

— J'en suis enchanté, monsieur, ils pourront alors nous servir à tous deux, aussitôt que je me serai assuré de la culpabilité de ma femme.

Cela dit, Brichard, sans en entendre davantage, et sous le prétexte de poursuivre Annette, se met à prendre sa course, et laisse Alfred riant aux éclats, seul, au milieu du chemin.

XXI.

UN PIÈGE.

C'est rue du Bac, à la porte d'un magnifique hôtel portant le numéro 102, que Juliette, sans cesse suivie par Léonard, fait arrêter sa voiture.

— Madame Hennerie?

— C'est ici; mais madame est absente, répond la concierge à l'épouse de Desroches.

— Serait-elle déjà partie pour Anvers?

— Oui, madame.

— N'a-t-elle point couché à Luzarches la veille de son départ pour la Belgique? reprend Juliette.

— Telle était son intention... Mais pourquoi cette demande, madame? reprend le concierge en examinant la jeune femme.

— Que vous importe... prenez ceci, et répondez sans crainte.

Cela disant, Juliette mettait deux napoléons dans la main du cerbère.

— Ne vient-il pas souvent ici un personnage nommé Desroches? ajoute la questionneuse.

— Oui, depuis quelque temps, il rend même à madame de fréquentes visites.

Et Juliette, à ces mots, se sentant faiblir, de se cramponner après la porte de la loge.

— Madame se trouve indisposée ?

— Non, ce n'est rien... merci de vos renseignemens.

Puis, en tremblant, elle regagne sa voiture où, pendant son absence, Léonard s'est introduit.

— Ah ! jusqu'ici, vous ne m'avez point abusée, s'écrie Juliette, tombant anéantie à côté du jeune homme ; il connaît cette femme, fréquente sa maison, enfin, il me trahit avec elle... Oui ! oui ! ce soir même pour Anvers, je veux les voir, les surprendre ensemble, les confondre... l'ingrat !.. Léonard, occupez-vous, de grâce, de me procurer dans deux heures une chaise de poste, des chevaux, car il faut que je parte, que je les rejoigne...

— Gardez-vous d'une telle folie, chère Juliette, qui ne vous procurerait que fatigue, contrariété, et ne ferait qu'irriter votre époux. Oh! restez, restez en ces lieux, et que le monde, les plaisirs, vous dédommagent par leurs attraits des chagrins dont vous afflige un infidèle époux; ainsi que lui, oubliant l'obéissance conjugale, rompez l'esclavage qu'en sa coupable absence il ose vous imposer; le monde entier vous réclame, chère Juliette, et, pour complaire à un perfide, priverez-vous la société de son plus bel ornement? Venez à elle, car elle vous offre mille consolations, et l'oubli de vos chagrins.

Juliette, un peu plus calme, écoute en silence ce pernicieux langage; une larme s'échappe de ses yeux; Léonard l'aperçoit, et reprend aussitôt :

— Vous pleurez, Juliette! hélas! pourquoi vous affecter? Ah! croyez-moi; le chagrin ne remédie à rien, il flétrit l'âme, surtout dans la jeunesse, et altèrera cette beauté si remarquable qui vous promet une longue suite d'hommages et de félicité. Oui, laissez au temps le soin de ramener un époux, et sans essayer de reconquérir son cœur inconstant, consacrez aux jeux et aux ris tous les jours qu'il passe loin de vous, aux pieds d'une autre belle.

Long-temps encore dura cet entretien où Léonard, d'une voix chaleureuse et persuasive, s'efforça, par de faux et dangereux argumens, d'insinuer à la jeune femme l'oubli de son époux et de ses devoirs, et s'il n'était parvenu à la convaincre entièrement, du moins, avait-il réussi à la faire renoncer au voyage qu'elle voulait entreprendre le jour même, puis la voiture ayant atteint la demeure de Juliette, et près de se séparer, le jeune homme réclama la permission de s'y présenter le soir même, mais Juliette se rappelant les ordres de son mari, ne pensa pas devoir accorder cette permission, et s'éloigna sans vouloir écouter les plaintes et les reproches que lui méritait ce refus que Léonard dépité, taxait en vain d'ingratitude et d'impolitesse.

En rentrant chez elle, Juliette, trouva Annette qui rentrée avant elle, et assise dans l'embrasure d'une croisée du salon, se morfondait en larmes. Voyant son amie en cet état, Juliette s'empresse de courir vers elle et de s'informer du sujet de sa douleur. Annette après quelques instans d'hésitation raconte enfin la scène du bois de Boulogne et la conduite de son époux.

— Mon Dieu! n'y a-t-il donc pas un seul homme constant dans ce monde? s'écrie Juliette avec dépit.

Non, pas un, depuis le plus beau jusqu'au plus laid, oh! mais je ne souffrirai pas que le mien me trompâ impunément, je me vengerai! dit Annette avec énergie.

— Tu te vengeras, Annette et comment? demande Juliette avec le ton de la surprise.

— Non pas en oubliant mes devoirs d'honnête femme, en devenant infidèle comme lui, car alors, je deviendrais méprisable à mes propres yeux et serais plus punie que lui, mais je veux me venger en devenant coquette, mondaine, en affectant d'écouter les propos des galans, enfin en le rendant jaloux à le désespérer.

— Et tu crois le ramener par ce moyen à la foi conjugale, à n'aimer uniquement que toi à l'avenir?

— Sans doute, comme dit la chanson de J.-J. Rousseau

> L'amour veille s'il s'inquiète,
> Il s'endort s'il est content.

— Mais, Rousseau pourrait bien avoir raison, répond Juliette.

— Sans doute qu'il a très fort raison, aussi

vais-je mettre le chagrin de côté et à exécution le moyen que je viens de t'expliquer.

— Tu vas donc aller dans le monde, au bal?...

— Certainement.

— Et te faire faire la cour? reprend Juliette.

— Le plus qu'il me sera possible pour dépiter mon cher mari et cela ne sera pas long, car j'ai déjà sous la main un adorateur tout trouvé dans la personne de M. Alfred, l'ami de Léonard.

De Léonard, exclame Juliette avec émotion ; puis elle tombe dans une longue rêverie que partage bientôt Annette et qui n'est interrompue que par la présence inattendue de Brichard et de Léonard arrivant tous deux ensemble.

— Vous ici, malgré ma défense, monsieur! fait entendre Juliette voyant avec surprise entrer ce dernier.

— Calmez-vous, madame, et croyez que, respectant votre défense ce n'est pas vous que je viens voir en cette maison mais bien mon ami Brichard et sa charmante épouse.

— Certainement! c'est moi qui l'amène, c'est nous qu'il vient voir, j'espère bien, madame, que Desroches en nous invitant ma femme et moi à venir habiter chez vous, n'a pas prétendu nous empêcher de recevoir nos amis et connaissances? répond Brichard en affectant de prendre un air d'aplomb en la présence d'Annette qu'il n'ose fixer en face.

— Chacun est libre, monsieur, de recevoir ici les gens qui leur conviennent le plus, je suis ravie d'y revoir Léonard à qui je ne sais par quel caprice, j'avais tantôt refusé la permission de me rendre ses visites, fait entendre Juliette d'un ton gracieux.

— Ce peut-il, Juliette, que vous soyez revenue d'une rigueur qui me désespérait.

— Oui Léonard, ma demeure vous est ouverte et sans cesse je vous y verrai avec plaisir.

— Ah! voilà qui est fort heureux enfin! fait Brichard avec importance et se promenant de long en large dans la pièce.

— M. Léonard, pourquoi donc votre ami M. Alfred ne vous a-t-il pas accompagné? demande Annette en fixant son mari avec malice.

— Par exemple! voilà qui est audacieux, osez-vous bien, madame, faire une pareille demande en ma présence?

— Pourquoi pas, monsieur?

— Quoi! après ce qui s'est passé ce matin au bois de Boulogne, lorsque tout m'annonce qu'entre ce jeune fat et vous, il existe une liaison criminelle?...

— Vous êtes fou, monsieur et de plus bien audacieux, après votre odieuse conduite, de prétendre trouver à redire à la mienne ; sachez, monsieur, que je n'attends pas que l'amant de ma femme de chambre s'arroge un tel droit.

— Hum ! hum ! fait Brichard pour toute réponse et plus rouge qu'un coq de bruyère.

Le cher homme tourne dans la chambre et va cacher sa honte vers l'embrasure d'une croisée en feignant de regarder dans la rue.

L'entretien ayant pris une autre tournure se prolongea assez gaîment plus d'une heure de temps jusqu'à ce que Léonard, fixant la pendule, fit souvenir que c'était jour d'opéra et qu'il avait une loge à offrir aux deux dames ajoutant qu'en cas d'adhésion à son offre, il était l'heure de monter en voiture. Accepté à l'unanimité surtout de la part de Juliette qui, depuis son entretien avec Annette semble avoir oublié ses chagrins et retrouvé une nouvelle force de caractère, Brichard est donc invité par le jeune homme à prendre sa part du plaisir projeté, mais, un refus brusque et net, fait sa seule réponse ; on part donc sans lui, sans qu'Annette ait sollicité son agrément à cette partie ni daigné lui adresser un mot plus qu'un regard.

Huit jours se sont écoulés depuis, et pas un n'a passé sans la présence de Léonard et d'Alfred dans la demeure de Desroches, ni sans qu'une nouvelle occasion de promenade de concert ou de spectacle ne se soit offerte et n'ait été saisie avec empressement ; Brichard presque toujours expulsé sous cent prétextes divers, est furieux contre sa femme et le genre humain, en vain, pour arrêter chez Annette cette fougue de plaisir, a-t-il voulu d'abord s'ériger en maître ; puis, n'obtenant que dédain et reproche, le pauvre mari est descendu jusqu'à la prière, a manifesté un repentir sincère de ses fautes passées, puis fait entendre l'assurance d'un avenir irréprochable ; peines inutiles, car chez Annette, la vengeance n'était point complète, et l'affront reçu par elle, trop grave pour que le pardon fût si près de l'offense et cependant, le coupable mari étouffait d'amour, de dépit et de jalousie.

Quant à Juliette, disciple fidèle d'Annette, oublieuse du caractère noble et ferme de son époux, adoptant de sa compagne, le système dangereux, l'imprudente jouait avec sa réputation, affectait de paraître dans le monde accompagnée de Léonard et témoin du succès de la ruse d'Annette, du désespoir, du repentir de l'époux de cette dernière; Juliette, augurant la même chance de la part de Desroches, s'applaudissait d'une révolution qui peut-être, allait lui coûter bien des regrets. Depuis l'absence de son mari, la jeune femme avait reçu trois lettres de lui, mais trois lettres apportées par un commissionnaire, ne portant aucun timbre, mais toutes remplies du style le plus touchant, des plus tendres protestations d'amour et de l'espoir de revenir bientôt près de sa jolie Juliette jouir d'un bonheur parfait et sans mélange. C'est en lisant ces phrases, où elle ne croyait voir que mensonge et perfidie que Juliette, le cœur poigné de douleur et de jalousie, froissait le papier avec dépit, versait des larmes amères puis, plus calme et ne se souvenant plus que de son amour, des bienfaits de l'époux, qu'elle croyait coupable, baisait avec transport ces lignes tracées par la main du père chéri, de l'enfant qui s'agitait en son sein.

Encore quelques jours de passés, cette fois, les sorties ont été moins fréquentes, les plaisirs moins rapides à se succéder, pourquoi ? parce que les deux jeunes femmes commencent à éprouver quelques inquiétudes sur les résultats de leur dangereux expédient, qu'un silence morne, une tristesse profonde ont succédés aux reproches et aux plaintes de Brichard, que ce dernier a quitté la maison de Desroches pour retourner vivre seul chez lui après le refus d'Annette, de vouloir l'accompagner.

— Et bien mesdames, partons-nous? la voiture attend en bas? faisait entendre Léonard, le matin du douzième jour de l'absence de Desroches en entrant dans le salon de ce dernier et s'adressant à Juliette ainsi qu'à l'épouse de Brichard.

— Non, Léonard, non, nous avons changé d'idée et préférons rester ici, répond Juliette encore en négligé.

— Par exemple, mesdames, voilà un singulier caprice de votre part enfin, comme il vous en passe par la tête depuis quelques temps, mais aujourd'hui, c'est impardonnable, quoi! après avoir promis de vous rendre à l'invitation du père de notre ami Alfred, vous manquez à votre parole ? oh! non pas s'il vous plaît, une société nombreuse, un dîner des plus succulens enfin, toutes les jouissances de l'opulence nous attendent, nous réclament à la délicieuse maison de campagne de monsieur Darmond, cet excellent vieillard compte sur votre gracieuse présence, se fait un charme de vous recevoir et vous le priveriez de ce plaisir? non, non, cela ne sera pas, je vous connais trop belle dame, pour redouter une impolitesse de votre part, allons, un quart d'heure à votre toilette et nous courons au grand trot, vers les délicieux ombrages de Royammont.

Nouveau refus des deux dames, nouvelles sollicitations de Léonard; enfin, ce n'est que fatiguées par ses supplications et sa persévérance, que Juliette et Annette ont cédé à regret au désir du jeune homme, et qu'une heure après, elles roulent avec lui vers la demeure du parc d'Alfred, située à sept lieues de Paris. Trois heures en route, puis on arrive. Le pays est très beau, ses sites enchanteurs, et la demeure de M. Darmond, un joli château des plus agréables, où l'on accueille le monde d'une façon tout-à-fait amicale. Alfred est venu au-devant des deux dames, et s'est excusé près d'elles de ne pas avoir été les prendre lui-même à Paris pour les accompagner en route et les présenter à Royammont, et en rejette la faute sur son père qui, la veille et toute la matinée l'a retenu près de lui.

M. Darmond, petit homme d'une ampleur excessive, est un ancien marchand de vins en gros, retiré du commerce depuis peu, son ton est jovial, un rire bête et bruyant accompagne ses moindres paroles qui n'indiquent pas toujours l'homme comme il faut, enfin, c'est un de ces êtres qui, dénué de fortune, serait traité d'homme du commun, et dont on se contente de dire : C'est un gros père sans façon.

Juliette et sa compagne ont été présentées au salon où en ce moment se trouvait rassemblée toute la société, véritable composé de courtiers de commerce, de fermiers des environs, d'officiers à demi-solde, au ton tranchant et cavalier, tous ces messieurs, accompagnés de mesdames leurs épouses, grandes, petites, grasses, maigres, belles ou laides.

La présence des deux jeunes femmes a fait d'abord sensation sur les hommes, et causé aux femmes une horrible grimace, puis les conversations ont repris leur cours et roulé jusqu'au dîner, sans interruption, sur les prix des céréales, la bonne ou mauvaise qualité des vins et les batailles d'Austerlitz et de Marengo. Aussi, Juliette et Annette, fatiguées d'étouffer de continuels baîllemens, se sont-elles échappées à l'ennui d'une pareille société, sous le prétexte d'aller visiter le parc et ses environs.

Elles marchent sous de touffus ombrages, Juliette, appuyée sur le bras de Léonard qui presse le sien tendrement, tandis que la bouche du jeune homme fait entendre à demi-voix un amoureux langage auquel Juliette répond en souriant, prenant ces paroles pour un gracieux badinage. Annette marche non loin, elle aussi écoute Alfred lui parler d'amour, mais pour la centième fois peut-être, et en échange d'un cœur qui lui est en ce moment offert pour la vie, ne propose en échange qu'une sincère amitié, seul présent, selon elle, dont puisse disposer une femme mariée. En vain, Alfred, piqué d'une telle froideur, joue-t-il l'amant passionné, l'homme au désespoir, Annette lui rit au nez, et fatiguée d'un langage qui la blesse, abandonne le soupirant au moment où jaloux d'appuyer son discours de quelques gestes énergiques, il courbait les genoux vers la terre, et court se réfugier près de Juliette qu'elle saisit par le bras et dont elle trouble l'attention aux paroles de Léonard.

Du dîner la cloche retentit au loin, d'un pas rapide, et presque sans mot dire, on regagne le château. Le dîner est splendide, mais aussi bruyant qu'ennuyeux pour nos jeunes femmes, il se termine ainsi que les éternelles chansons qui ont duré l'espace de deux mortelles heures, et fait traîner le dessert en longueur, on passe sur la pelouse, où a été dressé un superbe feu d'artifice dont une pluie d'orage inattendue vient éteindre les feux et faire fuir les spectateurs. Quel temps affreux! voilà de l'eau pour toute la nuit; heureusement que les voitures sont là, et que, la fête terminée, chacun regagne la sienne et s'y blottit.

— Mais où donc est la nôtre? fait entendre Juliette n'apercevant plus qu'un cabriolet dans la cour.

— Au village voisin, où Alfred et Annette sont allés reconduire le maire, sa femme et sa fille, et où ils nous attendent en ce moment, répond Léonard.

— Où ils nous attendent! voilà qui est nouveau, par exemple! et sans doute, monsieur, vous comptez me traîner à pied jusque-là?

— Non pas, mais bien dans ce cabriolet, que le maire, en échange du service léger que nous lui rendons, a laissé à notre disposition.

— C'est fort adroit, en vérité, un cabriolet par une pluie battante, mais ne pouvez-vous envoyer prévenir qu'on vienne nous prendre avec la voiture?

— Volontiers, chère Juliette, mais il se fait tard; ceci nous prendra du temps, et le village est à deux pas d'ici.

— Allons donc, monsieur, puisqu'il le faut absolument.

Cela dit, Juliette, très mécontente, monte dans le léger équipage, Léonard se place à ses côtés, et d'un vigoureux coup de fouet, fait partir le cheval au grand trot.

La nuit est noire, la pluie ne cesse de tomber et l'horloge d'une église sonne au loin la dixième heure du soir, et depuis plus d'une demie le cabriolet roule avec rapidité.

—Ah çà! monsieur, arriverons-nous bientôt à vous entendre il n'y avait qu'un pas du château à ce village? fait entendre Juliette assez sèchement.

— Nous approchons, je pense, un peu de patience, ma chère amie, et cela disant, Léonard faisait prendre au cheval une route de traverse et l'aiguillonnait par le jeu réitéré du fouet.

—Voilà qui passe la plaisanterie, monsieur, où sommes-nous? où me conduisez-vous?

— Pourquoi avoir quitté la grand'route pour cet affreux chemin, où nous allons indubitablement verser?

— Calmez vos craintes, madame, car ce chemin est le plus court et nous approchons. Encore un quart d'heure de marche et du plus affreux balottement, occasioné par les profondes ornières qui sillonnent la route, et qui causent à Juliette des frayeurs épouvantables, puis, Léonard arrête le cheval, porte des regards à travers l'obscurité et finit par avouer à la jeune femme, qu'il ne reconnaît plus les chemins et croit s'être perdu.

Alors plaintes et lamentations de Juliette, poussée presque au désespoir, reproches de toutes espèces adressés au jeune homme, puis après, un silence seulement interrompu par les sanglots.

— Enfant! pourquoi vous désoler ainsi, et craindre près de moi?

— Faites marcher ce cheval, monsieur, il faut absolument que je rejoigne Annette, dont en ce moment je ne puis m'expliquer la coupable légèreté ni excuser l'affreux embarras où elle me plonge. De grâce! marchons, marchons, monsieur! Et pour se rendre au désir de la dame, Léonard frappe l'animal qui tire et s'agite en vain car les deux roues se sont embourbées dans de profondes ornières d'où il est impossible de les démarrer sans le secours de bras vigoureux. C'est alors que se renouvellent avec force les plaintes de Juliette, auxquelles Léonard laisse un libre cours, mais comme les reproches et les larmes sont loin en pareille circonstance de tirer d'embarras, la jeune femme se résout enfin à s'informer de ce qu'ils vont faire et devenir.

— Adopter le seul moyen possible pour ne pas passer la nuit au bel air et vous résoudre madame à me laisser aller chercher du secours et des bras afin de sortir notre voiture du bourbier où je l'ai à moitié enterrée.

—Quoi, monsieur, vous voulez me laisser seule sur cette route, à cette heure ? voulez-vous donc au retour me trouver morte de frayeur ?

— Cependant madame je ne vois pas d'autre expédient à employer à moins que vous ne consentiez à m'accompagner dans mes recherches en souliers de prunelle. Comme Léonard parlait, Juliette découvre non loin d'eux, une lumière brillant à travers la croisée d'une maisonnette qu'ils n'avaient point encore aperçue, cette vue ranime l'espérance dans le cœur de la jeune femme et la fait consentir aussitôt, à suivre Léonard jusqu'à cette demeure.

Le jeune homme la reçoit alors dans ses bras et l'emporte sur le bas côté, très praticable en cet endroit et qui, leur procure la facilité de se rendre à la maison tant désirée.

— Parbleu! voilà qui est admirable? s'écrie Léonard, oui, je reconnais cette maison pour être celle d'un jardinier au service du père d'Alfred, en vérité! nous ne pouvions mieux nous adresser. La porte est ouverte, ils entrent dans une pièce basse, où une vieille femme est occupée à filer dans un coin à la lueur d'une faible lampe.

Léonard la salue par son nom, s'informe où est son fils et apprenant qu'il est au cabaret du village voisin, engage la mère à aller le prévenir de leur présence chez lui et de l'accident qui les y amène. La vieille obéit sans murmurer et s'éloigne après avoir introduit Léonard et Juliette dans une chambre plus habitable que la première et située au premier étage. Juliette, enfermée dans cette pièce immense, garnie de meubles grossiers, et que n'éclaire la simple lueur d'une chandelle, éprouve malgré elle une secrète frayeur, un malaise inconcevable, aussi, assise silencieusement près de la fenêtre donne-t-elle cours à ses sombres réflexions et honteuse d'elle-même, n'ose interroger sa conscience. Quant à Léonard, les lèvres animées par un sourire de satisfaction, depuis son entrée il n'a cessé de se promener de long en large dans la chambre en jetant de temps à autres des regards sardoniques sur la pauvre Juliette. Enfin, prenant une chaise il vient s'asseoir près de la jeune femme qu'il contemple un instant en silence et lui prenant la main.

— Pourquoi cette tristesse empreinte sur ce gracieux visage cher Juliette?

— Ah! laissez-moi, monsieur, je ne vous pardonnerai de ma vie la ridicule position dans laquelle vous me plongez en ce moment, répond la jeune femme en retirant sa main.

— Hélas! si Juliette moins inhumaine daignait partager un peu les tendres sentimens qu'elle m'inspire, combien elle serait loin de se plaindre de l'heureux évènement qui nous réunit sans témoins.

—Ce langage, j'espère, monsieur, n'est que la suite des mystifications de toutes sortes qu'il vous a plu de me faire endurer cette journée entière ? répond Juliette d'un ton sévère et donnant à son regard la même expression.

— Moi, Juliette, user envers vous d'une telle licence, osez-vous le penser. Hélas! en quoi ai-je donc mérité ce reproche de votre bouche?

—D'abord, monsieur, pour avoir eu l'impertinence de me conduire dans une société où vous deviez penser que je ne trouverais qu'ennui et dégoût. De m'avoir ensuite séparée d'Annette sans m'en prévenir, conduite que je n'ose encore approfondir, et ce qu'il y a de plus grave, monsieur, de m'exposer, en me privant d'une voiture qui m'était de la plus grande nécessité, à passer la nuit hors de chez moi et cela, sans égard à la réputation d'une femme qui mettait sa confiance en vous et qu'une telle absence, pourrait perdre à jamais aux yeux de son époux.

— Et qu'importe l'opinion d'un époux lorsque d'un mot, d'un regard Juliette en cet instant pourrait voir tomber à ses pieds le plus fidèle des amans.

— Pour oser me parler ainsi quelle femme donc croyez-vous que je sois? exclame Juliette avec fierté et cherchant à s'éloigner du jeune homme.

— La femme la plus belle de toutes, celle que je n'ai cessé un instant d'adorer depuis le jour où je la vis pour la première fois, celle enfin, qui bravant la défense d'un époux et désirant le punir de sa perfidie, a choisi l'heureux Léonard pour vengeur...

— Quelle erreur! moi avoir jamais eu l'idée coupable de tromper mon mari! s'écrie Juliette avec indignation et s'efforçant d'échapper au jeune homme qui, l'entourant de son bras la tient captive sur son sein. Laissez-moi monsieur, laissez-moi! au nom du ciel! si l'on nous voyait, si l'on vous entendait me tenir un semblable langage, ajoute-t-elle saisie d'effroi, je serais une femme perdue.

— Perdue, oh! non, mais l'on dirait ce que l'on pense en tous lieux, que la belle Juliette est l'amante de l'heureux Léonard.

— Quelle horreur! s'écrie la jeune femme hors d'elle, qu'ai-je donc fait pour me compromettre à ce point?

— Rien que de fort naturel ma douce amie, mais le monde est méchant et nous voyant sans cesse partager ensemble les mêmes plaisirs en l'absence d'un époux, m'accorde mille fois plus de bonheur que je n'en possède réellement.

— J'espère, monsieur, qu'en galant homme, vous vous efforcez de le désabuser ?

— Pas le moins du monde, car cette erreur est trop en ma faveur et me console trop de l'absence de la réalité.

— O ciel ! quel homme êtes-vous donc ?

— Je vous l'ai dit Juliette, votre amant le plus passionné, celui qui depuis un an oublie tout pour vous plaire, qui paierait de sa vie entière, un mot d'amour échappé en sa faveur de votre bouche divine, un homme enfin qui oubliant toute reconnaissance pour ne se souvenir que de l'injure faite par votre époux, a juré dans son désespoir de vous enlever à sa possession et de faire sa maîtresse chérie de celle qu'on lui a ravie comme épouse. Oui, Juliette, telle est ma pensée, mon unique désir ;

depuis long-temps je m'efforce en vain à atteindre ce but et dans cet instant où la ruse me rend maître de vous, eh bien ! il me faut par la force ce que mes soins, mes assiduités n'ont pu me faire obtenir de l'amour...

— Ouvrez, laissez-moi quitter ce lieu, monsieur, ou mes cris vont appeler du secours ! dit Juliette éplorée, après s'être échappée des bras de Léonard et s'efforçant en vain d'ouvrir la porte fermée à double tour.

— Des cris, enfant, personne n'y répondrait, car cette maison isolée ne renferme que nous, je suis donc maître, maître entier de ta personne. En disant cela, le jeune homme s'emparait de Juliette et l'arrachant d'après la porte l'emportait à la place qu'elle venait de quitter.

— Léonard ! au nom du ciel ! est-ce bien vous qui sur moi osez concevoir de pareils desseins, et vous porter à une telle violence ?

moi, l'épouse de Desroches, de votre bienfaiteur, l'épouse de celui qui arracha votre jeunesse des horreurs de la misère, qui vous prodigua l'aisance, l'instruction et la richesse? Oh! mais c'est une infamie de votre part et Dieu vous punira cruellement. Ah! revenez de grâce à la raison, réfléchissez Léonard à cette action infâme et combien en me déshonorant vous me rendriez odieuse à mes propres yeux. En parlant ainsi, elle élevait vers lui des regards mouillés des larmes du désespoir et ses mains jointes et suppliantes. Léonard la tête perdue ivre de désirs amoureux la pressait avec force, la couvrait de baisers et malgré ses efforts inouis paralysait les mouvemens de l'infortunée.

— Non, non, je ne dois rien entendre, disait-il d'une voix tremblante et ainsi que Juliette, le cœur oppressé pour de violens battemens; non, te dis-je, c'est de l'amour, et de la vengeance qu'il me faut, cède Juliette, et pour la vie je jure d'être le plus fidèle des amans, d'entourer ton existence de joie et de bonheur.

— Malheureux ! cesse tes infâmes prières n'espère pas me séduire, car tu me fais horreur !

— Veux-tu donc alors que la violence, me dédommage de ce que je ne puis obtenir de ton amour? réfléchis, Juliette, la faute retombera de même sur ta tête, toi, qui envieuse de tourmenter un mari, de lui inspirer une ridicule jalousie a voulu te jouer de moi et faire de Léonard la victime de ta coquetterie, de tes ruses de femme, réponds, faut-il que sans cesse je sois le jouet de ton époux et le tien? que mes douleurs soient votre ouvrage, ne me mettrez-vous tous deux l'amour dans le cœur que pour me désespérer ensuite ? Non ! car j'ai pris cette fois au sérieux tes tendres agaceries, cette affectation à vouloir paraître en tous lieux à mon bras, enfin! tu me traitais en Sigisbée, je t'ai dit ma maîtresse et veux être aujourd'hui ton amant.

Juliette ne répond plus, tant ses forces sont épuisées, et, morne, anéantie, presqu'en la puissance de Léonard, elle réclame du ciel, son dernier soupir avant le déshonneur.

Mais, oh surprise! ce Léonard si brusque si implacable d'abord, à l'exemple de Juliette, demeure en ce moment, inanimé sur son siège; plus encore, ces yeux se ferment à la lumière, une pâleur mortelle couvre son visage et victime, d'une passion poussée jusqu'à la frénésie, de ses efforts odieux pour violenter une pauvre femme, Léonard donc a perdu connaissance et du poids de son corps va frapper la terre sur laquelle il reste sans mouvement.

Cette chute violente a tiré Juliette de son

apathie, effrayée, elle se lève subitement, d'un œil hagard contemple Léonard puis fait un pas pour voler à son secours mais ses souvenirs renaissent, c'est son ennemi qu'elle voit gisant à ses pieds, c'est à l'homme le plus déloyal qu'elle va prodiguer ses soins et qui peut-être rappelé à la vie, en échange de sa pitié lui prodiguera l'injure et l'outrage... oui, il vaut mieux fuir, mais par où ?...

La porte est fermée et résiste à tous ses efforts. Dieu juste, qui viens de terrasser son coupable ennemi, viens encore à son secours, achève ton ouvrage.

Ainsi pensait Juliette et inspirée par celui qu'elle implore, elle court à la fenêtre, l'ouvre et éclairée par l'aube du jour aperçoit le treillage d'une vigne montant jusqu'à elle et garnissant la façade de la maison.

—Merci, merci, mon Dieu ! dit-elle pleine de ferveur et de reconnaissance, puis, escaladant la fenêtre, s'attachant fortement au treillage qui lui sert d'échelle, en un instant, elle atteint la terre et s'éloigne avec vitesse, de cette maison maudite.

Une demi-heure de marche forcée à travers champs et Juliette atteint la grand'route, au loin, une voiture frappe sa vue, ô bonheur! elle est vide, le conducteur, appelée par la jeune femme, consent à la recevoir et moyennant un généreux salaire, l'entraîne vers Paris, avec rapidité.

Les traits altérés, le teint pâle et la toilette dans un désordre affreux, c'est ainsi que Juliette rentre chez elle à neuf heures du matin; l'infortunée osant à peine soutenir le regard de ses gens, court s'enfermer dans la pièce la plus reculée de son appartement et là, se livre à toute l'amertume de sa douleur.

Une heure se passe et un léger coup frappé sur la porte en causant un frémissement involontaire à Juliette, la tire de l'anéantissement où elle est plongée, et c'est à peine si ses forces lui permettent de s'inquiéter de ce qui nécessite cette importunité.

C'était une lettre, une lettre de Desroches, qu'en hâte apportait Véronique. Juliette entr'ouvre la porte, d'une main tremblante s'empare de la missive, se renferme et court aussitôt à la place qu'elle vient de quitter, décacheter cette lettre dont la présence fait battre son cœur de crainte et de plaisir.

Juliette a brisé l'enveloppe et ses yeux parcourent ce qui suit :

—Réjouis-toi, ô ma Juliette, car pour toi il n'est plus de secret, réjouis-toi, car un bonheur aussi grand qu'inattendu t'arrive en ce jour; je t'aime, je t'idolâtre, ma douce amie, mon amour ambitieux, égoïsme, fut jusqu'alors envieux et jaloux de tes moindres faveurs, eh bien ! de bonne grâce et sans regret, il s'immole en ce jour et consent sans se plaindre, à ce que ton cœur où je règne sans rivaux, admette encore un autre amour.

—Oh? je conçois en ce moment ta surprise, toi, l'idole de ma vie, toi, qui sais combien tu es aimée, de t'entendre demander un tel partage et par moi encore! oh! lis, lis avec attention la suite de cette épître, et juge, ma Juliette, s'il est possible que désormais je garde ton cœur et ton amour pour moi seul.

— Il y a un mois à peu près, revenant du faubourg Montmartre, je longeais la rue Coquenard, rue bien heureuse pour mon cœur, puisque ce fut là que la mort de ta mère adoptive, me rendit l'heureux possesseur de ta divine personne, passant devant la porte de ton ancienne demeure, il me vint à l'idée après huit ans d'absence, de rendre une visite à la propriétaire de cette maison, espérant la trouver encore de ce monde, je m'en informe et apprenant qu'elle existe et occupe le même local, je me présente chez elle, me fais reconnaître, et reçois un accueil amical et selon le but de ma démarche m'informe si depuis la mort de madame Morin et ton départ de la maison, personne n'est venu s'informer de toi ni réclamer ta possession.

— C'est le ciel qui vous envoie, mon brave monsieur, un peu tard peut-être, car il y a long-temps que je désire vous revoir et que je guette votre visage parmi tous ceux que je rencontre depuis six ans, me répond cette brave femme, oui, oui, on est venu ; il y a de ça six ans comme je vous le dis, c'était un soir, une voiture s'arrêta à ma porte, une belle dame en descendit, s'informa de la mère Morin, et de la petite Juliette, mais hélas lorsque je lui eus dit que la chère femme n'était plus de ce monde, que Juliette adoptée par un homme charitable était partie je ne savais où, le désespoir de la chère dame n'eut plus de bornes, ses pleurs tombèrent en abondance et je me mis à pleurer avec elle.

Enfin, lorsque la dame put retrouver la parole, elle m'accabla de questions sur Juliette, dont elle m'apprit qu'elle était la mère, et que des circonstances majeures l'avaient forcée de tenir secrète pendant un laps de temps, la naissance de cette jeune fille, puis elle me supplia de la guider dans la recherche de son enfant, dans celle de votre personne et de votre demeure que j'avais entièrement oubliée et que je ne pus jamais me rappeler ainsi que de votre nom.

Pendant un mois, me rendant aux désirs et aux prières de la pauvre mère, nous parcourûmes ensemble ce quartier et ceux environnans, nous informant à toutes les portes, mais toutes nos recherches furent vaines car nous ne découvrîmes ni vous, ni Juliette, et la chère dame pressée sans doute par une circonstance invincible, me quitta après m'avoir fait promettre que si j'entendais un jour parler de vous et de son enfant d'en donner avis à une certaine personne dont j'ai conservé depuis ce temps et très précieusement le nom et la demeure par écrit.

En disant, la bonne femme se leva et ayant fouillé dans un tiroir de commode, en tira un papier qu'elle me remit et sur lequel je lus, madame Hennerie, rue de Babylone, n° 74. Content et rempli de la douce espérance de te rendre un jour ta mère, je pris ce précieux papier et me retirais après avoir remercié cent fois la vieille propriétaire.

Sans perdre de temps, ma première démarche fut de courir à l'adresse indiquée ; cette dame Hennerie, avait en effet habité l'hôtel où je me présentai mais, depuis son veuvage, elle avait changé de demeure et habitait rue du Bac, à cette nouvelle adresse encore une espérance déçue, madame Hennerie habite en ce moment sa campagne située à Luzarche, sept lieues de distance de Paris, qu'importe! rien ne devait m'arrêter car je courais après la mère de ma Juliette et le bonheur de la lui rendre faisait ma force et ma joie; je prends donc une voiture et en moins de quatre heures de temps, je franchis l'espace, j'entre dans Luzarche où ma voiture va s'arrêter à la grille de celle que je poursuis avec tant d'ardeur, je me présente, elle me reçoit avec affabilité, cette femme est charmante, gracieuse et jeune encore, dans ses traits divins, je cherche à rencontrer ceux de ma Juliette, mais rien ne me les rappelle.

Je réclame un instant d'entretien, elle me l'accorde avec confiance, bonté. Avec adresse et ménagement, j'aborde le sujet qui m'amène; je te nomme et la joie, le bonheur le plus vif éclate aussitôt, car c'est la santé, la vie, me dit-elle que je rends à une pauvre mère éplorée, que de bénédictions ne reçois-je pas, de combien de larmes reconnaissantes mes mains ne sont-elles arrosées, oh! j'étouffais et pleurais aussi de bonheur et d'attendrissement.

Enfin après quelques instans consacrés à la surprise et l'émotion, la conversation reprend son cours, mais quel est mon étonnement en apprenant que cette dame n'est point celle qui t'a donné le jour, qu'elle n'est autre que l'amie intime de ta mère. A cette nouvelle, mon cœur s'oppresse et déjà un nuage de tristesse se répandait sur mon visage lorsque s'apercevant de ce cruel changement; madame Hennerie, s'empresse de me rassurer en m'annonçant que ta mère existe, qu'elle te chérit et te regrette chaque jour, que bientôt peut-être, elle te pressera dans ses bras

— Peut-être ! m'écriais-je avec surprise frappé de cette réticence.

— Ecoutez, écoutez, puis espérons, reprend la dame, et elle me raconta ce qui suit :

— Juliette, Hortense de Lucie, la mère de votre Juliette perdit son père en bas âge, qui lui laissa une fortune de trente mille livres de rente acquise dans la carrière du barreau.

Madame de Lucie, restée veuve à trente six ans, belle encore, coquette et passionnée pour les plaisirs, voyait à regret, grandir sa fille dont les traits, la grâce, attiraient déjà une nombreuse foule de prétendans.

— Jalouse des hommages qu'on rendait à Hortense qui venait d'atteindre sa seizième année, et piquée de se voir abandonnée pour sa fille, par ceux qui, quelque temps avant l'entouraient de mille soins galans. Madame de

Lucie donc conçut de l'aversion pour Hortense et décidée à ne plus mettre en comparaison avec les siens, des charmes aussi puissans que ceux de la jeune fille, renonça à la conduire dans le monde et la confia à une vieille parente de son mari retirée à Saint-Maur près Paris.

Hortense, ange de douceur et de résignation, endura cet exil sans se plaindre et mit toute sa consolation dans les arts.

Depuis un an elle habitait la demeure de madame Vermon la vieille parente, aimée, choyée par cette bonne dame, Hortense était heureuse et ne regrettait que la présence et les caresses de sa mère qui n'était encore venue la voir qu'une seule fois.

Un soir sa vieille compagne tomba subitement et dangereusement malade, il était alors près de minuit et leur unique servante avait obtenu dans la matinée, la permission d'aller passer deux jours à Paris chez sa mère. Hortense au moment de l'accident était donc seule, aussi son embarras fut-il extrême, car comment oser à cette heure indue, courir à la recherche d'un médecin et cependant, l'humanité en faisait un devoir, aussi, la pauvre enfant attendrie par les douleurs aiguës que ressentait madame Vermon se disposait-elle à braver peur et dangers et aller chercher l'homme de l'art, lorsqu'elle se rappela subitement que quelques jours avant la vieille parente avait loué un petit pavillon situé au fond de leur jardin, à un jeune homme qui l'occupait et s'était dit être étudiant en médecine et venir habiter la campagne pour cause de santé.

Alors, sans plus attendre, Hortense franchit l'escalier, traverse le jardin d'un pas rapide et va frapper doucement à la porte dudit pavillon.

— Qui est-là ? demande une voix dans l'intérieur.

— Moi, monsieur, la petite-nièce de la maîtresse de cette maison, oh! venez, venez vite car elle souffre beaucoup et réclame les secours de votre art.

— Je vous suis à l'instant, mademoiselle.

Et vingt minutes après, monsieur Gustave le jeune homme en question était au chevet du lit de la malade où il prédisait un prompt rétablissement et rendait la joie à Hortense.

En effet, grâce à ses soins, à ses visites assidues, madame Vermon huit jours après avait quitté le lit et appuyée sur le bras du jeune médecin et celui de la jeune fille essayait gaîment quelques pas dans son jardin. Comment ne pas admettre en qualité d'ami de la maison, l'être obligeant et désintéressé à qui on doit tant de reconnaissance ? impossible !

aussi Gustave depuis cet évènement, passait-il tout son temps auprès des deux dames dont il charmait les instans par sa douceur et son esprit.

Hélas ! quel dommage, qu'un jeune homme si aimable et studieux ait une si faible santé, comme il est pâle, délicat, mais aussi, que sa figure est belle, belle comme son âme enfin, comme il paraît heureux et content de la connaissance de nos dames, comme il est aux petits soins près de la vieille et galant près de la jeune. L'automne est à sa fin, la campagne devient triste, humide, la ville réclame ses habitans, et cependant, Gustave passera l'hiver à Saint-Maure près de madame Vermon, et d'Hortense, puis il tousse beaucoup depuis quelque temps, des soins lui sont nécessaires, et il en touve de si doux où il est tandis qu'à Paris, il serait seul dans sa mansarde d'étudiant, sans personne qui s'intéresse à ses souffrances.

Voilà la chute des feuilles, le deuil de la nature, moment terrible, dont l'influence se fait parfois sentir bien cruellement aux tristes et souffreteux poitrinaires; aussi, le pauvre Gustave, étendu depuis quinze jours sur son lit de douleur, endure-t-il un affreux malaise, mais près de lui est un ange gardien, Hortense enfin, puis madame Vermon, qui le soignent tour à tour, et dont la présence, les regards, endorment ses souffrances.

Gustave a fait une longue maladie, mais le printemps a, chez lui, ramené une heureuse convalescence et la joie dans la petite société.

Un soir de ce même printemps, la nature était belle et paisible, le ciel brillant de mille étoiles, et la lune argentée prêtait son flambeau pour éclairer à travers le jardin les pas rapides d'Hortense qui se dirigeait de nouveau, et comme la onzième heure sonnait, vers le petit pavillon habité par le jeune étudiant en médecine dont la porte s'ouvre aussitôt. Hortense, sans nulle résistance, se laisse saisir par une main douce, et entraîner dans le pavillon où bientôt se font entendre les paroles suivantes :

— Gustave, oh! mon ami! la pauvre Hortense, si malheureuse, vient encore chercher près de toi caresses et consolations.

— Quoi! toujours triste et craintive, ma douce amie?

— Hélas! comment ne le serais-je pas, mon Gustave, lorsque chaque jour, je vois croître avec effroi dans mon sein la preuve de ma faiblesse et le fruit de nos amours? Oh! Dieu! mon ami, que deviendrai-je lorsqu'il ne me sera plus permis de cacher ma faute? que dira ma mère, elle, si sévère, si froide, envers sa fille?...

— Pourquoi la craindre, elle, qui a chassé

sa fille loin de sa vue? elle qui n'a de mère que le nom? Qu'importe qu'elle te blâme et t'abandonne entièrement, ne suis-je pas là, moi, le père de ton enfant, moi, qui vous aimerai tous deux plus que l'on ne peut aimer? Va, crois-moi, mon Hortense, par un chagrin inutile, ne flétris pas ta gracieuse personne, car, bientôt possesseur d'un bel et noble état, riche de science, de courage et de conduite, j'irai demander ta main, et pour éviter un refus, avouer s'il le faut notre amour et ta position.

— Hélas! mais ce jour, il me faudra mourir de crainte et de honte, fait entendre Hortense en sanglotant.

Alors, Gustave empruntant à l'amour toute son éloquence et sa persuasion, combat longtemps la douleur de sa jeune amie, et fait enfin que les larmes se tarissent, que les plaintes cessent, et qu'on n'entend plus que le murmure de douces et amoureuses caresses. Au petitjour, Hortense, en silence et d'un pas rapide, regagnait sa chambrette.

Ainsi étaient les choses, mais un mois après, nouvelles et cuisantes douleurs, car le bienaimé, dévoré par une implacable maladie, touchait, hélas, au terme de sa vie. Oh! qui aurait pu dépeindre alors tout le désespoir, toutes les angoisses de la malheureuse Hortense ; que ses veilles étaient infatigables, ses soins attentifs, et ferventes les prières qu'elle élevait au ciel. Peines inutiles! Dieu ne permettait plus de miracles, et le pauvre Gustave, ayant atteint le dernier degré de la pulmonie, rendit son âme au Créateur, en recommandant Hortense et son enfant à la pitié de madame Vermon.

Cinq mois plus tard, Hortense, toujours inconsolable, et n'ayant accepté la vie que pour la consacrer à son enfant, donna le jour à une petite fille à qui on donna le nom de Juliette, et dont madame Vermon, par égard pour Hortense, cacha l'existence à madame de Lucie, de qui elle appréhendait le blâme.

Six mois s'écoulèrent, Juliette s'élevait à ravir, et placée en nourrice chez une paysanne de Champigny, village à une lieue de Saint-Maur, l'enfant recevait presque chaque jour la visite de sa jeune mère et de madame Vermon.

— Oh! Dieu! disait un soir Hortense en revenant de voir et caresser sa fille, qui donc, hélas! si je venais à mourir, prendrait soin de cet être chéri?

— Moi, répondit la bonne vieille, et cela, tant que le ciel me prêtera vie. Ainsi, calme tes craintes, mon Hortense, car, dès demain, je teste en faveur de ta Juliette, à qui je lègue mon modeste bien en entier.

Puis, parlant encore sur le même sujet,

toutes deux arrivent à la demeure où leur surprise est grande d'y trouver madame de Lucie qui les y attendait, après huit mois d'absence passés loin de sa fille.

Elle venait chercher Hortense, et désirait, disait-elle, lui faire passer quelques jours à Paris, promettant de la rendre bientôt aux désirs, à la prière de madame Vermon, que l'absence de sa compagne chérie désespérait d'avance. Après un pénible adieu, la mère et la fille roulèrent vers Paris.

Mais quelle fut la surprise d'Hortense, en entrant dans la cour de l'hôtel de sa mère, d'y apercevoir une chaise de poste, attelée de ses chevaux et prête à se mettre en route. Hélas! sa surprise se changea bientôt en la plus vive alarme, lorsqu'après quelques instants donnés à des préparatifs, madame de Lucie lui ordonna de la suivre, la fit monter en chaise de poste et que les chevaux entraînèrent la voiture avec rapidité.

Hortense alors immobile d'effroi et sans force pour parler, porta toute sa pensée sur sa fille donton l'éloignait en ce moment; peut-être pour long-temps? oh! cette incertitude était affreuse il fallait en sortir et, rassemblant toutes ses forces, son courage.

— Au nom du ciel, madame, où me conduisez-vous? fit-elle entendre d'une voix émue.

—A Naples, répondit froidement madame de Lucie.

— A Naples!!! mon Dieu! mais cela ne se peut pas : je ne veux pas y aller! s'écria Hortense avec désespoir et de ses mains; cherchant à retenir la voiture qui l'emportait.

— Cela ne se peut pas? reprit sa mère en la fixant d'un œil sévère, et pourquoi donc mademoiselle? ajouta-t-elle irrité.

Hortense, craintive et tremblante, resta muette à cette demande, car sa raison égarée, ne sut en ce moment trouver un motif à son refus, et tandis qu'elle essayait à rassembler ses idées, la chaise de poste fut rejointe par une autre qui accourait derrière elle, et d'où descendirent un homme et une femme inconnus à Hortense, qui vinrent aussitôt, d'après la joyeuse invitation de madame de Lucie, se placer dans la sienne, l'homme près de la mère d'Hortense et la dame à côté de la jeune fille.

— En vérité M. le comte, je désespérais de voir votre voiture atteindre la mienne et privé de votre société, je me décidais à faire ce voyage en tête-à-tête avec ma fille.

— Quoi, madame, cet ange de beauté est mademoiselle votre fille? dit la dame.

— Oui, madame la comtesse, cette grande fille est la mienne, on ne s'en douterait guère n'est-ce pas?

— Non, en vérité, car on vous prendrait plutôt pour les deux sœurs.

Et ce compliment exagéré, arracha un sourire de satisfaction à madame de Lucie.

L'arrivée inattendue de ces ces deux étrangers avait redoublé le désespoir de la jeune fille qui, n'osant plus exprimer ses plaintes et supplier sa mère de changer de résolution envers elle, se laissait entraîner morne et silencieuse. Vers le soir on arriva à la porte d'une hôtellerie, c'est là qu'on devait prendre un repas nécessaire et pendant son attente ; Hortense, qu'on avait laissé seule dans une pièce se hâta de prendre son calepin et de tracer au crayon ces mots suivans adressés à madame Vermon.

« Malgré mes plaintes, ma douleur, ma mère m'entraîne à Naples, en ce moment, je suis en route, et m'éloigne hélas! peut-être pour long-temps de ma fille chérie. Jugez, ma tendre et respectable amie; de l'excès de mon désespoir et combien je suis à plaindre. C'est donc à vous, oh ! ma seule ressource, mon unique espérance que je lègue toute ma tendresse pour ma petite Juliette, veillez sur elle, aimez-la pour vous et pour moi, et mes tourmens seront moins affreux, je m'arrête dans l'espoir d'être à même de vous écrire bientôt et plus longuement. Adieu ! adieu, et donnez à Juliette mille baisers pour sa mère.

Ce billet écrit, Hortense le mit sous enveloppe appela un domestique de l'auberge et lui mettant en main une pièce d'argent, lui commanda d'aller en secret, jeter sa lettre à la poste.

Un mois s'était écoulé depuis le départ d'Hortense madame Vermon privée de sa compagne passait ses jours dans l'ennui et la solitude : la bonne vieille, avait reçu le billet de la jeune fille, et pleurait son éloignement, en partageant sa douleur; de plus ; fidèle aux recommandations d'Hortense, guidée par son cœur, chaque semaine elle se rendait près de l'enfant laissé à ses soins, à sa sollicitude, lorsqu'un jour dans une de ses visites habituelles, elle trouva la nourrice dans un état désespéré. Madame Vermon, conseillée par le médecin de la malade, se vit contrainte de retirer Juliette et de l'emporter chez elle, où malgré son grand âge elle consacra durant un laps de temps, ses veilles et ses soins à l'enfant au berceau. Mais hélas! le zèle infatigable de la pauvre vieille, n'obtint pour récompense après quinze jours d'horribles fatigues, qu'un malaise affreux qui la força à prendre le lit. Pour comble de tourment, une nouvelle et maladroite servante, venait de remplacer l'ancienne, qu'un mariage avait forcé de quitter le service de madame Vermon.

Que faire donc? que devenir en une pareille circonstance? mettre l'enfant en sevrage, oui, c'est le seul moyen, et la dame chercha dans son idée à qui elle confiera ce précieux dépôt. Le nom de madame Morin, excellente femme qu'elle connaissait de puis fort long-temps vint se présenter à sa mémoire. Cependant cette femme habite Paris et l'air des champs convient mieux à l'enfance, c'est très vrai, mais Juliette au moins sera en mains sûres, ensuite elle ni restera que fort peu de temps, celui nécessaire à madame Vermon, pour se rétablir; ainsi donc l'enfant partira le soir même chez cette dame Morin, à qui, on cachera cependant le nom de la famille afin de ne point éveiller le soupçon de cette femme qui a vu Hortense plusieurs fois, dans ses visites chez madame Vermon. La chose ainsi résolue et sans réfléchir au danger de garder seule un tel secret, la petite

Juliette, fut confiée à un homme du village partant pour Paris, qui se chargea de remettre l'enfant à la femme Morin, ainsi que cent écus pour le premier trimestre du sevrage et l'on a vu dès le commencemen de cette véridique histoire, que le messager s'acquitta fidèlement de la commission.

Huit jours après, madame Vermon frappée tout à coup d'apoplexie, vécut encore quelques heures privée, de mouvement et de sentiment, puis rendit son âme à Dieu, sans avoir pu proférer une seule parole. Pauvre Hortense où était-elle en ce moment? Où? à Naples et enfermée dans un couvent par les ordres de sa mère.

Mais enfin, sonna pour elle, l'heure de la majorité et après cinq années d'esclavage, pendant lesquelles, refusant de prononcer des vœux odieux elle s'était attiré mille tourmens, Hortense brisa ses chaînes et accourut en

France, dans l'espoir de retrouver sa fille sur qui le long et désolant silence de madame Vermon, l'avait laissée dans l'ignorance. Pauvre mère! que devint-elle, en ne retrouvant plus sa vieille amie? ni sa fille adorée. En vain elle s'informe.

— Madame Vermon est morte il y a cinq ans, telle est la réponse de chacun.

— Mais ma fille! cet enfant dont elle prenait soin? Au nom du ciel! ne pourriez-vous m'indiquer ce qu'il est devenu?

— Non, car celui à qui cette bonne dame le confia un soir, pour le porter on ne sait où se noya dans la Marne quelque temps après. Plus d'espoir donc! et Hortense, pensa mourir de douleur.

Vainement, la mère infortunée entreprit-elle d'inommbrables recherches; sa fille était perdue pour elle. Quelque temps après, Hortense eut encore à pleurer sa mère. Héritière d'une belle fortune et cherchant à distraire ses douleurs, elle parcourut l'Angleterre, l'Allemagne et indifférente à tous les hommages, revint libre en France, après une longue absence. Au retour l'attendait une joie d'un moment, car, une habitante de Saint-Maur, où Hortense s'était rendue quelques jours après son arrivée, lui apprit, disant le tenir d'une parente du noyé, que l'enfant qu'elle réclamait avait été porté à Paris chez une vieille femme nommée Morin, qui habitait alors dans une des rues aboutissantes au faubourg Montmartre.

A cette nouvelle, Hortense demande aussitôt à voir cette parente, qui ne put elle-même donner d'autres indices, et Hortense le jour même, recommença de longues et pénibles recherches.

Après un mois de fatigue elle trouva enfin la rue et la maison de la femme qu'on lui avait indiquée et croyant toucher au bonheur, ce fut un nouveau coup de poignard que reçut son tendre cœur; en apprenant que madame Morin était morte quelque temps avant et que l'enfant avait été emmené par une personne inconnue, qui s'était chargée de l'élever par charité.

Ce fut alors, ajouta madame Hennerie, qu'Hortense remit mon adresse à la propriétaire de la maison la suppliant de vouloir bien m'écrire si un jour elle venait à avoir des nouvelles de Juliette. Je ne vous dirai pas toutes les démarches qu'entreprit encore Hortense, ses démarches près des autorités, les réclames dont retentirent les journaux, peines inutiles, Hortense dut perdre toutes espérances.

Deux ans après ces évènemens elle retourna à Anvers où dans un voyage précédent elle avait fait quelques amis agréables qui tous réclamaient sa présence parmi eux. C'est là, que sans amour, mais par raison, elle consentit à devenir l'épouse d'un ancien général hollandais, homme plein de mérite dont les égards, la tendresse, la rendraient la plus heureuse des femmes, si son cœur toujours triste avait pu oublier la perte de son enfant.

Maintenant M. Desroches, que vous connaissez les infortunes de votre charmante belle-mère, je vous avouerais que j'ignore si le mari d'Hortense est instruit qu'elle fut mère avant d'être épouse, la délicatesse de mon amie, m'en donne presque l'assurance, mais, dans une position aussi délicate, il faut mener les choses prudemment, ignorant des habitudes, des usages des deux époux ; nous ne devons même pas écrire à Hortense dans la crainte de la compromettre près de son mari ; or donc ! je vous proposerai de garder encore quelques temps le silence envers Juliette, votre femme, et d'entreprendre avec moi le voyage d'Anvers, afin de faire connaissance avec Hortense en lui portant notre heureuse nouvelle.

J'acceptai avec joie cette proposition, ma chère amie et nous fixâmes notre voyage à quelques jours pendant lesquels je fus souvent chez madame Hennerie, qui brûlait du désir de te connaître et de t'embrasser mais que la prudence arrêtait. Enfin, la veille de notre départ, les affaires de cette dame ayant nécessité sa présence à la campagne ; ne la voyant pas revenir à Paris et dans mon impatience, craignant qu'elle n'eût oublié le rendez-vous du lendemain, je résolus de me rendre près d'elle le soir même et, voulant éviter de faire naître chez toi le mécontentement, en m'absentant une nuit entière ; je partis sans t'en prévenir ; comptant le lendemain, être de retour avant que tu te fusses aperçue de mon absence.

— Maintenant, ma Juliette, souviens-toi du léger nuage, qui vint en cette journée obscurcir notre union conjugale et combien, moi, oubliant ta faute légère, toi, quelques reproches échappés à mon amour, la paix et la confiance se rétablirent vite entre nous. Ce fut alors, qu'après avoir scellé sur tes lèvres divines un pacte d'amour et de concorde, que je t'annonçai le voyage que je devais entreprendre quelques heures plus tard. Oh! qu'il me coûtait, de ne pouvoir calmer tes plaintes jalouses, de ne pouvoir te dévoiler le motif de cette absence, enfin, de t'inonder de bonheur en t'apprenant que dans peu tu allais sur ton cœur, presser celui d'une mère. Mais, il fallait me taire, garder encore un secret qui ne m'appartenait qu'à moitié et je partis; remplis de la douce espérance de revenir bientôt lever à tes yeux, le voile qui leur cachait le but de ma conduite mystérieuse. C'était aux portes de Paris, que je devais rejoindre ma compagne de voyage et réunis tous deux nous roulâmes, vers la Belgique et atteignimes Anvers après un voyage aussi rapide qu'heureux. Enfin, il me fut donc permis de voir, d'admirer la femme belle et vertueuse, à qui j'étais redevable d'une épouse adorée. Que de bontés, que de grâces, dans sa personne; oh! ma Juliette, comment te dépeindre les transports, la joie presque folle, qui s'emparèrent de ta mère, lorsqu'après nous avoir écoutés, elle fut certaine enfin, d'avoir retrouvé son enfant, que de larmes ensuite, puis de questions! et combien de bénédictions n'appella-t-elle pas sur la tête de celui qui en recueillant tes jeunes années, en veillant sur ta vertu s'était donné une épouse accomplie. Oui, ma Juliette, elle t'aime, te désire, veut de suite courir près de toi; son époux qui n'ignore rien, partage son impatience et remercie le ciel, qui lui envoie un enfant, que lui a refusé jusqu'alors, une couche stérile. Sois heureuse, ma Juliette, prépare ton cœur à un grand assaut; car, je t'écris le soir de mon arrivée à Anvers et nous partons demain matin, pour accourir vers toi, ma lettre donc ne nous précèdera que de quelques heures.

Juliette a donc terminé cette longue épître, que ses larmes abondantes ont mouillée à plusieurs reprises, que de joies, de surprises et de douleurs se sont succédés tour à tour dans le courant de cette lecture. Retrouver enfin une mère, une famille! ne plus être une pauvre orpheline, oh! bonheur; mais hélas! de combien d'amertumes sa conduite irréprochable n'accompagne-t-elle ce moment de félicité? ce moment, un des plus doux de sa vie où, il va lui être permis enfin de voir et d'embrasser celle qui lui donna le jour.

— Et j'étais jalouse, et j'osais par d'odieux soupçons, calomnier en mon cœur, un époux vertueux, celui, qui pour me rendre une famille, un nom, se créait mille fatigues imaginables ! oh ! que j'étais injuste !.. Mais il va venir, comment oser me présenter à lui; lorsque mes traits altérés, portent l'empreinte de mon inconduite? mon Dieu! s'il allait lire dans mes yeux, la flétrissure de son honneur, si devant une mère, il allait me maudire et me chasser! ah! je mourrais de honte et d'effroi!.. Cependant je ne fus qu'imprudente, injuste, je n'ai, ni de corps ni d'âme, trahi la foi conjugale, et restée pure ; ce monde m'accuse et jugeant ma conduite d'après ma légèreté, proclame mon déshonneur à haute voix.

En ce moment, Juliette fut arrachée à ses tristes réflexions par la voix d'Annette qui, frappant à la porte lui demandait un instant d'entretien.

— C'est une amie! s'écrie Juliette et elle court ouvrir.

—Oh! Juliette, que tu m'as causé d'inquiétude! exclame l'épouse de Brichard en pressant avec joie la jeune femme sur son sein, mon Dieu que t'est-il arrivé, comment se fait-il que tu ne sois pas rentrée depuis hier?

Et Juliette en larmes, fait part à Annette des évènemens de la nuit.

---Les infâmes! comme ils nous ont trompées! s'écrie l'épouse de Brichard, puis elle raconte à son tour, qu'entraînée dans un corps de bâtiment situé à l'extrémité du parc, sous le prétexte d'aller y rejoindre Léonard et Juliette, elle s'était trouvé enfermée dans une chambre où Alfred, se croyant maître d'elle, prétendait la retenir jusqu'au jour, mais que voyant son désespoir, entendant ses cris et ses menaces de se précipiter par la fenêtre, plutôt que de céder à ses violences, et effrayé lui-même, il avait renoncé à son odieux dessein; lui avait rendu la liberté en cherchant à rejeter sa faute sur l'excès de son amour; enfin que malgré le mépris qu'elle éprouvait pour lui après une telle conduite, et ayant tout à craindre, tant qu'elle serait dans cette maison; elle s'était bien gardé de ravir tout espoir à son cœur, mais exigé qu'il la ramenât de suite à Paris, où, selon le dire du jeune homme, Léonard et Juliette, devaient être rendus depuis long-temps.

— Aussitôt en cette ville, ma chère amie, ajoute Annette, quoiqu'il fût deux heures de la nuit, je me hâtai après avoir été rassurer mon mari, de me rendre chez toi afin de calmer les craintes que m'inspirait ta diparition subite de la soirée et juge, quel fut mon désespoir en te trouvant encore absente et tes gens, dans l'inquiétude la plus vive. Oh! je voulais alors t'attendre, puis envoyer mon mari à la recherche ; mais, M. Brichard, furieux de ma longue absence s'opposa à mes désirs et m'ordonna de quitter de suite ton domicile où il m'avait accompagné en jurant que dorénavant il n'y aurait plus de liaisons entre toi et moi.

— Hélas ! ton mari aussi, me croit donc une femme coupable et indigne de l'estime des honnêtes gens ?... dit Juliette en versant des larmes.

— Bah ! c'est un sournois qui juge les autres selon lui, et dont l'opinion varie dix fois par jour.

— Mais, s'il allait m'accuser près de mon mari ? Moi, Annette, qui n'ai voulu suivre que ton exemple et par un peu de coquetterie, ramener un époux que je croyais infidèle ?

— Cet exemple est dangereux, ma chère Juliette, et je m'aperçois hélas ! trop tard, que j'ai eu grand tort de te la donner, car, il est des hommes, tel que le mien par exemple, chez qui l'indifférence d'une femme peut éveiller la jalousie et l'amour, mais avec Desroches, je doute fort qu'un pareil système réussisse et tourne à l'avantage de celle qui l'emploie aussi, hâte-toi, Juliette, de renoncer à un projet duquel, si tu m'avais fait part, je me serais empressé de te détourner.

— Oh! j'y renonce pour toujours; mais est-t-il encore temps et par mon imprudence, ma légèreté, ne me suis-je pas perdue pour la vie?

— Enfant! quelle folle crainte!

— Hélas! ignores-tu que dans le monde je passe maintenant pour la maîtresse de cet indigne Léonard? que lui-même a fait courir ce bruit?

— Renonce à ce monde, à ses plaisirs, sois tout entière à l'amour de ton mari et ce bruit injurieux tombera de lui-même.

— Mais, s'il arrivait aux oreilles de mon mari, que de honte, de désespoir alors?

— Allons, pourquoi ces idées et t'exaspérer ainsi, va, tu n'as rien à redouter car Desroches t'estime trop pour ajouter foi à une telle calomnie.

L'entretien des deux jeunes femmes se prolongea encore long-temps, Juliette toujours en exposant ses craintes, et Annette essayant à les combattre et à faire rentrer la confiance et l'espoir dans le cœur de son amie.

XXII.

RETOUR.

Juliette connaît sa mère enfin, enlacée dans ses bras, inondée de ses caresses, son cœur a senti battre le sien. Oh? oui, c'est bien sa fille, quelle ressemblance! dans les traits, même beauté, même élégance, même son de voix.

Que Desroches doit-être heureux! combien l'amour et la joie que lui témoigne Juliette, les larmes d'attendrissement, la reconnaissance de la pauvre mère, doivent faire du bien à son cœur? et cependant, il paraît sombre, rêveur; à peine semble-t-il prendre part à la joie générale, et, c'est avec froideur, contrainte même, qu'en arrivant chez lui, ses lèvres ont reçu les baisers de Juliette.

Quel dommage, qu'une subite attaque de goûts ait retenu l'époux d'Hortense à Anvers, lui, qui désirait tant être du voyage et embrasser un des premiers, cette fille charmante que sans la connaître; son cœur adoptait déjà pour la sienne, partie remise après la guérison, aussi, Juliette et sa mère tout entière au bonheur de se connaître et de se voir; passent-elles les journées en tête-à-tête, puisque des affaires sérieuses sans doute, exigent presque continuellement l'absence de Desroches, depuis son arrivée.

—Hélas! ce n'est donc que trop vrai! la voilà donc évidente, incontestable la preuve de son inconduite!... faisait entendre Desroches, un soir, enfermé seul dans son cabinet trois jours après son retour de voyage, et en disant il s'était jeté sur un siège et froissait avec fureur dans sa main, une lettre sur laquelle il ramenait, de temps à autre des regards où se peignaient la honte et l'indignation. Quoi! Juliette coupable à ce point, avoir ainsi oublié ses devoirs, moi, trahi aussi indignement par l'enfant que j'ai élevée, la femme de mon choix celle que j'ai prise pour devenir la compagne de ma vie! Oh! douleur! comment survivre à un tel coup? Ah! Juliette, Juliette! qu'as tu fait, insensée?... et une sorte d'accablement s'empara de Desroches. Oh ciel! l'amour le plus brûlant, le plus sincère être ainsi récompensé! Ah! je dois la fuir, la mépriser l'ingrate, puisqu'il n'est point d'excuse ni de pardon pour une telle faute, Non, je ne puis plus long-temps contenir mon indignation ; qu'elle vienne, la perfide et qu'elle sache enfin, la cause de cette froideur dont elle ose se plaindre. Et Desroches sonne avec force. Véronique, dans l'absence de Germain, entra pour prendre les ordres.

— Prévenez votre maîtresse qu'elle ait à se rendre ici immédiatement. Et la servante s'éloigna aussitôt.

Desroches resté seul, se leva et en proie à la plus vive agitation fit quelques tours à pas pressés dans la chambre.

Enfin la porte s'ouvrit et Juliette d'une voix émue :

— Vous me demandez, mon ami ? Alors Desroches s'arrêta, fixa sur elle un regard d'amour et de regret et son cœur gonflé de désespoir ne put retenir un pénible soupir.

— Mon Dieu! qu'avez-vous donc, monsieur?

— Asseyez-vous, Juliette et écoutez-moi.
La jeune femme obéit.

— Lorsque jaloux de vous faire complètement heureuse et de vous rendre une mère, une famille, je me fus éloigné de vous, à quoi passâtes-vous votre temps?

— A regretter votre absence, à désirer votre retour, monsieur, murmura la jeune femme effrayée de cette demande et du sérieux qui l'accompagnait.

— Comment osez-vous mentir à ce point, madame?

— Monsieur!!! exclama Juliette alarmée et levant sur son époux des regards supplians.

—Oui, vous mentez vous dis-je, écoutez et répondez ensuite, si telle n'a point été votre infâme conduite durant mon absence? Oubliant vos sermens et vos devoirs d'épouse; suivant les conseils et écoutant les paroles d'amour de l'homme le plus ingrat, le plus méprisable, vous avez affiché en tous lieux l'oubli des convenances ; aussi peu soucieuse de ma réputation que de la vôtre, aux promenades, aux spectacles, partout enfin vous avez paru au bras de ce Léonard, partout il s'est dit votre amant et vous passiez pour sa maîtresse et ce qu'il y a de plus affreux pour moi, c'est que ce bruit infâme court depuis longtemps, et que depuis long-temps existe entre vous une coupable liaison...

— Ah! monsieur, quel horrible soupçon!

— Ecoutez, vous dis-je, écoutez! s'écrie Desroches avec feu, et ne cherchez point à nier un crime dont chacun vous accuse et duquel je possède les preuves. La nuit, qui précéda mon retour, ne la passâtes-vous pas dans les bras de votre amant, après vous être éloignée de l'épouse de Brichard pour courir vous enfermer avec lui, dans une maison des champs! quelques jours avant, ne parûtesvous point encore avec ce Léonard une journée entière au bois de Boulogne où vous eûtes la coupable précaution, d'éloigner des témoins importuns afin de pouvoir vous livrer sans crainte, ni honte, à votre coupable passion?...

— Mais, c'est horrible, monsieur, tout ce que vous me dites là...

— Oui, bien horrible en effet, surtout, pour mon cœur, car pour lui, plus de confiance, d'estime ni de bonheur, il repousse maintenant pour son enfant celui que renferme votre sein et ne le reconnaît que pour le fruit de l'adultère...

— Oh Dieu! mais vos paroles me tuent, monsieur, je ne suis pas coupable, au nom du ciel! veuillez le croire!...—N'essayez point, madame, de m'abuser par un faux désespoir, vous êtes coupable, vous dis-je, et j'ai tous les droits de me plaindre de vous.

Ah! Juliette, ai-je mérité que vous troubliez

ainsi toute mon existence, et l'amour, la reconnaissance que vous disiez avoir pour moi, ne devaient-elles pas me mettre de votre part, à l'abri de toute action coupable ? O cœur des femmes !!!

— Grâce, grâce, monsieur ! s'écrie Juliette éplorée, car si vous continuez ce langage et à me croire coupable, je meurs sous vos yeux. Alors voulant se justifier, la jeune femme un genou en terre et tenant dans ses mains celle de son époux qu'elle inonde de larmes brûlantes, raconte en sanglotant tout ce qui s'est passé entre elle et Léonard, la perfidie et la trahison de ce dernier, puis confesse, que dénuée d'expérience, sa seule faute consistait à avoir essayé par un peu de coquetterie, à se venger d'un époux qu'elle croyait infidèle et en cela, d'avoir suivi l'exemple d'Annette.

Pauvre Juliette ! en vain employait-elle le langage de la persuasion, parlait-elle avec franchise, en prenant le ciel à témoin de la pureté de son honneur, l'incrédule Desroches n'en persista pas moins dans ses odieuses accusations. Comment hélas! ce pouvait-il autrement? lorsque vingt personnes officieuses, s'étaient fait un malin plaisir de le saluer à son arrivée de l'infâme confidence des bruits injurieux qui couraient sur la réputation de son épouse? Lorsque Brichard lui-même attribuant à Juliette le dérangement de sa femme, l'accusait près de Desroches, d'avoir par l'exemple de son inconduite, jeté le trouble dans son ménage et emmené Annette à Royaumont, prendre sa part d'un plaisir qu'il taxait d'orgie, lorsqu'une lettre anonyme, la même que Desroches froissait dans ses mains avant l'arrivée de Juliette, dénonçait cette dernière comme adultère, en indiquant l'endroit et la maison où Léonard et elle avaient donné à l'amour, tout une nuit entière.

Enfin ! lorsque Desroches effrayé de pareille révélation et voulant s'en éclaircir, s'est rendu lui-même à Royaumont, que là, il lui a été répondu que Juliette avait quitté ce lieu à neuf heures du soir, avec Léonard, et que, le cœur gonflé d'amertume et de douleurs, après s'être éloigné de la demeure du père d'Alfred chez qui, il a pris ces informations, Desroches s'est rendu de suite à la maison des champs où la vieille femme lui a avoué qu'en effet sa maison avait été occupée une nuit entière par celle dont il lui présentait le portrait en ce moment, ainsi que par un jeune homme, qu'au signalement Desroches avait reconnu de suite pour être celui de Léonard.

Cependant les aveux, et explications que Juliette venait de faire à son époux, auraient dû suffire pour anéantir toutes les préventions que les circonstances semblaient élever contre son honneur mais le juge ajoute-t-il jamais foi aux paroles, aux sermens d'un accusé ?

Non, mais seulement aux preuves, et ces dernières tournaient toutes aux désavantage de la jeune épouse et à convaincre de sa perfidie le plus affecté des hommes.

— Ah! monsieur, reprend Juliette anéantie, après s'être traînée aux pieds de son mari et en avoir été repoussée, voulez-vous donc en persévérant dans votre injustice et vos odieuses accusations, me couvrir aux yeux du monde de honte et de déshonneur?

— Non, madame, la loi qui serra nos nœuds fatals, en nous ordonnant de partager ensemble les joies et les douleurs a mis aussi de moitié dans notre union la honte et le déshonneur et ils retomberaient sur moi, si je les appelais sur vous, oui, le crime et l'ingratitude seule laissent des traces ineffaçables que les remords ravivent sans cesse et c'est aux vôtres que je laisse les soins de ma vengeance.

Pauvre Juliette ! son cœur bat à rompre sa poitrine, ses yeux sont fixes, hagards, mille pensées poignantes s'agitent dans son sein.

Desroches lui-même fond en larmes, le désespoir ronge son cœur et sa main agitée par d'affreuses convulsions poigne son sein avec violence.

Oh! que de douloureuses pensées l'agitent en ce moment, lui trahi, lui, qui se croyait tout aimé, et avoir trouvé la femme selon son cœur, hélas ! pour lui en ce moment; encore une illusion qui tombe, une espérance qui s'en va.

— Mon Dieu! mon Dieu ! puisque je ne puis me justifier, que vais-je devenir? quel sort hélas ! m'est-il donc réservé ?.. reprend Juliette, d'une voix étouffée par les sanglots.

Desroches ne répond rien et se contente

seulement de repousser de son bras celle qui vers lui, élève des mains jointes et suppliantes.

— Et ma mère, monsieur, voulez-vous donc qu'elle n'aie retrouvé sa fille que pour la maudire aussitôt ?...

Mais, mon enfant, ce fruit précieux à mon cœur celui de mon unique amour avec vous, ne recevra-t-il pas de votre bouche le doux nom de fils, vos bras doivent-ils donc repousser sa première carresse... Ah! vous ne répondez pas, que je suis malheureuse!!! où fuir? où me cacher?

— Restez, restez en cette demeure, Juliette, rien ne doit être changé dans notre existence et pour votre honneur et le mien aux yeux du monde, soyez toujours mon épouse, mais entre nous, plus d'amour plus d'estime.

— Ah! pensez-vous, monsieur, que j'accepte la vie à de telles conditions? non, non!

libre à vous d'insulter votre femme, de la charger d'un crime qu'elle n'a pas commis mais, libre à elle de mourir, puisqu'elle ne peut vous convaincre de son innocence, plutôt que d'accepter votre pitié et vos mépris.

En ce moment la pendule venant à sonner onze heures, Desroches quitta brusquement le siège qu'il occupait et voulut se diriger vers la porte, mais Juliette, ranimant le peu de force qui lui restait et poussant un cri de désespoir, se précipita vers son époux et l'entourant de ses bras, le pressant sur son sein et l'inondant de ses larmes, le supplia de l'entendre encore, puis implorant sa confiance, affirmant de son innocence, essaya envain, d'obtenir un regard de grâce et de pitié, mais Desroches restant sourd à ses cris, détacha ses bras et la voyant s'évanouir, fut la déposer sur un siège, puis, sortit du cabinet après avoir jeté sur elle, un regard de commisération, et ayant averti Véronique de l'état dans lequel se trouvait sa maîtresse : il quitta aussitôt sa demeure.

XXII.

GRAVES ÉVÈNEMENS.

La veille du jour, témoin de cette scène pénible, Hortense, la mère de notre Juliette, avait reçu une lettre d'Anvers dont le contenu l'invitait à un prompt départ en poste pour cette ville; il s'agissait du général, que sa goutte, avait placé à deux doigts de la mort. Hortense, désolée de quitter sa fille chérie, et forcée de rendre près d'un époux en danger, avait désiré l'emmener avec elle, mais depuis son arrivée à Paris avec Desroches, il s'était opéré chez ce dernier un tel changement d'humeur et des absences si longues et si fréquentes, que la mère de Juliette, dans la crainte d'essuyer un refus de la part de son gendre, avait préféré faire le sacrifice de son désir et se rendre seule où son devoir l'appelait, priant le ciel dans l'espoir d'un prompt retour; Hortense, en larmes, s'était donc séparée de son enfant, pour quelque temps encore. Ainsi donc, Juliette revenu de son évanouissement, deux heures après que son époux se fût éloigné, n'avait trouvé près d'elle que Germain et Véronique rappelée à la vie. Alors, la jeune femme se rappelant tout ce qui s'était passé entre elle et son mari, donna court à ses larmes et désireuse de la présence de Desroches, voulant essayer encore à le convaincre de son innocence ; Juliette refusa de se mettre au lit et malgré leur inquiétude sur sa position voulant être seule afin de se livrer sans témoin à son affliction, elle fit éloigner les deux serviteurs.

La première heure du matin avait sonné à la pendule, et Juliette assise tristement près d'une table, la tête dans ses deux mains et le cœur rongé par l'inquiétude, attendait encore le retour de son époux.

— Hélas ! s'il n'allait plus revenir ? s'il avait fui loin de moi pour toujours ? Ah ! il me faudrait mourir ! pensait l'infortunée.

Un bruit se fait entendre dans la rue, c'est lui peut-être ? et Juliette s'élance vers la fenêtre, l'ouvre puis écoute, regarde, encore un espoir déçu, le bruit est allé se perdre au loin. Le jour enfin vient effacer les ombres de la nuit, de cette nuit si pleine d'angoisses pour la jeune épouse et qui pour elle s'est passée tout entière sans l'objet de son attente.

— Qu'est-il devenu? que signifie cette longue et mortelle absence? oh! si elle ne devait plus le revoir, si son sein ne renfermait pas une autre existence, que Juliette aurait de courage pour se précipiter hors de cette fenêtre où depuis six heures elle guette, écoute et se lamente. Que la mort serait certaine et prompte alors.

Sept heures du matin, puis huit, enfin le roulement d'une voiture se fait entendre, Juliette encore à la croisée la voit venir au loin, elle s'approche, le cœur de l'épouse bat avec violence. Au bonheur! la voiture vient s'arrêter à la porte, la portière s'ouvre, c'est

Brichard qui descend le premier, comme il paraît troublé, comme il est pâle. Encore une minute et Juliette pousse un cri de désespoir en apercevant le corps de Desroches que l'on sort de la voiture. Folle, la tête perdue; elle court, franchit l'escalier, et vient tomber mourante près de Desroches ensanglanté que Brichard et Alfred apportent dans leurs bras.

Que veut-donc dire ceci? Que Desroches brûlant de venger l'affront qu'il a reçue s'est hâté en quittant Juliette la veille, de courir chez Léonard, le jeune homme alors était absent et ne devait rentrer que fort tard dans la nuit. Desroches ne peut différer sa vengeance; non, il doit guetter le retour de son odieux rival, le saisir au passage et laver dans son sang l'injure qu'il en a reçue. Pour lui ainsi que pour Juliette, la nuit s'est donc passée en attente et Léonard n'a point paru...

Six heures, enfin le voilà ! Alfred accompagne Léonard, et ce dernier près de sa demeure se sent saisir et arrêter par une main de fer, il se retourne, pâlit en reconnaissant Desroches et cherche à grimacer un sourire ironique, qu'un regard courroucé fait mourir sur ses lèvres. C'est chez le coupable que l'époux de Juliette exige une explication, c'est là où tous trois ils se dirigent aussitôt. Et c'est là où Desroches avec noblesse, sang-froid et en présence d'Alfred, reproche à l'indigne Léonard son ingratitude et sa conduite. Le lâche, loin de chercher à réparer l'honneur d'une femme innocente, sourit dédaigneusement, reproche à l'époux de Juliette de lui avoir ravi la possession d'une femme qui devait être la sienne, d'une femme qu'il aimait et dont il se dit aimé, puis, après avoir élevé la fureur de Desroches à son plus haut degré, accepte sans frémir l'offre de frapper d'un plomb meurtrier, la poitrine de celui qui veilla comme un père, sur sa jeunesse et fut le seul moteur de sa fortune. Une heure après, Desroches, ayant été chercher Brichard et l'ayant contraint à le suivre, se dirigeait avec lui vers le bois de Vincennes où Léonard et Alfred les devançaient de quelques minutes. Là, un duel eut lieu, sans qu'il fût possible aux témoins de rétablir l'accord, et le second coup de feu, tiré par Léonard, en brisant la poitrine de Desroches l'avait envoyé rouler sur la terre.

—Dieu seul vous pardonnera ce crime, dit alors Brichard effrayé et hors de lui à Léonard en se penchant vers le blessé qui en ce moment, ne donnait aucun signe de vie; mais, le jeune homme n'avait point entendu, car immobile, pâle et livide, les yeux fixés sur sa victime, il la contemplait avec terreur et en silence.

—Eh bien! ne m'aiderez-vous point à le transporter jusqu'à notre voiture? Après avoir assassiné votre père adoptif, ne daignerez-vous pas au moins, respecter son cadavre? dit Brichard les larmes aux yeux. Alors, comme pour obéir, Léonard fait un pas en avant puis, effrayé par l'aspect du sang qui à gros bouillon s'échappe de la blessure de Desroches, le jeune homme pousse un cri et se frappant le front s'enfuit épouvanté et disparaît bientôt à travers les taillis.

—C'est moi, monsieur, qui me charge de vous seconder dans ce triste moment, dit Alfred, dont les traits affectés annoncent la pénible part qu'il prend à cet évènement, à l'avenir, disposez de moi comme d'un sincère ami, ajoute-t-il. Un instant après, Desroches après avoir été transporté dans la voiture et toujours sans connaissance, roulait doucement vers sa demeure, où Juliette avec effroi venait de tomber évanouie à la vue de son corps inanimé et sanglant. Desroches et Juliette sont transportés chacun dans une chambre différente. De suite, un chirurgien est appelé et arrive bientôt, accompagné du médecin de la maison. La balle est extraite, la plaie est sondée ; mais elle est profonde, dangereuse et les hommes de l'art, tout en ne la déclarant point mortelle, n'osent répondre entièrement de l'existence du blessé.

Et Juliette ! pauvre femme, tant de secousses, de douleurs, en provoquant en elle une affreuse révolution, ont détaché le fruit de ses entrailles, avant l'époque imposée par la nature, déjà son enfant s'agite et demande impérieusement à naître. Quatre heures de souffrances inouies et l'infortunée met au monde un petit être à qui la nature, n'accorde que quelques momens d'existence. C'est Annette, amie fidèle et dévouée, qui, à la nouvelle de tant de maux est venue s'asseoir au chevet des malades et veiller sur eux jour et nuit, secondée par son époux.

Voilà huit jours d'écoulés, depuis ces catastrophes, et huit jours, que Desroches, accablé par la souffrance ne donne d'autre signe de vie que celui d'une faible respiration, et le même laps de temps, qu'une couche laborieuse retient aussi Juliette sur un lit de douleur où sans cesse, l'infortunée pleure, se lamente et demande à chaque instant des nouvelles de son époux dont on lui cache l'état alarmant.

Il y a sept jours qu'Annette a écrit à Prudence, la triste position des époux, aussi cette dernière s'empresse-t-elle d'accourir au sein de l'amitié pour joindre ses soins et ses consolations à ceux de l'épouse de Brichard. Elle arrive, oh! surprise! Prudence a renoncé au monde, pauvre fille! elle a vouée à Dieu un amour que repoussait le mortel qui le lui avait inspiré et un sombre voile, une robe de religieuse, cachent maintenant à tous les regards des charmes qui n'ont point été assez puissans pour vaincre les scrupules de celui à qui ils s'offraient sans partage.

Elle sait tout, c'est Annette qui la instruite, et lui a dévoilé les peines de l'âme qui désunissaient les deux époux, c'est en affirmant l'innocence de Juliette, que l'épouse de Briohard a excité au plus haut point l'intérêt de Prudence.

Il faut le rendre à la vie, réconcilier deux cœurs si bien faits pour s'aimer, a fait entendre Prudence et toutes deux d'accord sur ce vœu méritoire ont juré de ne rien négliger pour l'accomplir et rendre leurs amis au bonheur et à l'union. C'est donc au chevet de Desroches que Prudence s'attache jour et nuit ne le quittant de temps à autre que pour se rendre près de la triste Juliette et lui porter consolation, espérance, et courage.

Enfin elle peut quitter sa couche de douleur, essayer quelques pas et c'est près de son époux qu'elle demande à les diriger.

— Non, pas encore, ma chère Juliette, lui répond la vertueuse et prudente religieuse, il est trop faible et ne pourrait peut-être supporter l'émotion que lui occasionerait votre présence.

— Attendez et reposez-vous sur moi du soin de la prévenir en votre faveur et de lui rendre votre présence agréable.

— Allons, puisqu'il le faut, j'attendrai encore, dit Juliette d'un accent douloureux, mais, oh! ma chère Prudence! plaidez bien près de lui, la cause de votre pauvre amie, ah! dites-lui, que jamais, celle qu'il daigna choisir pour épouse n'a failli à l'honneur, qu'un peu de légèreté fût son seul crime et que jamais une pensée déshonorante ne souilla sa pensée. Dites-lui, qu'un regard, qu'un mot, une caresse de sa part me rendraient le bonheur, qu'avec son mépris, Juliette ne peut exister, il serait l'arrêt de sa mort.

Prudence, après avoir écouté et consolée de nouveau, quitta Juliette qu'elle confia aux soins d'Annette pour courir reprendre près de Desroches, la tâche qu'elle s'était imposée et à son retour trouva le médecin au chevet du malade.

—Il est mieux, et tout-à-fait hors de danger, surtout pas d'émotion, toujours les mêmes soins et je réponds de lui, dit le docteur aux demandes inquiètes que lui adresse la jeune religieuse; et l'homme de l'art se retire après avoir dicté une nouvelle ordonnance.

Minuit. Prudence veille seule près du malade qui, après une journée de calme, sommeille en paix en ce moment. Assise près du lit, la jeune garde depuis un instant attache sur Desroches un regard attentif et mouillé de larmes, son cœur est oppressé et tous ses traits sont empreints de l'expression de l'amour et du regret.

— O mon Dieu! en me donnant entièrement à vous, j'espérais que prenant pitié de votre créature, vous arracheriez de son cœur le trait qui la dévore, et la consume. Hélas! pourquoi permettez-vous qu'un amour plus fort que ma raison occupe encore la place de celui que je vous ai voué entièrement?

Oh! vous, que je voudrais aimer sans partage, pourquoi repousser ma prière et rendre mes efforts inutiles, secondez-moi, mon Dieu, et par votre miséricorde, veuillez appeler vers vous, toutes les pensées d'amour, de celle qui pour la vie a juré de n'adorer que vous seul. Ainsi pensait Prudence lorsqu'un soupir exhalé du sein de Desroches ramena son attention sur les choses de la terre, et son regard sur le malade, dont elle se hâta de s'assurer de l'état.

Il dort, un songe pénible l'occupe sans doute ? car, il s'agitte et ses lèvres balbutient quelques mots inintelligibles. Pauvre Prudence ! comme avec intérêt et le visage penché sur celui de Desroches, elle semble interroger la douleur, quel doux intérêt dans son regard. Mais ses yeux se détachent du malade et parcourent la chambre comme pour s'assurer en cet instant s'il n'est pas là des témoins. Seule, bien seule, et Prudence en soupirant, dépose un timide baiser sur les lèvres de Desroches, puis, comme effrayée de cette action elle recule éperdue et va tomber tremblante sur un siège où des pleurs abondans s'échappent bientôt de ses yeux. Le jour, vient enfin effacer une nuit, qui pour

Prudence, s'ést achevée dans la douleur, le regret et la prière. Desroches s'éveille et son premier regard rencontre avec joie celui de Prudence à qui il sourit avec reconnaissance en lui tendant une main amicale.

— Oh! silence! s'écrie la jeune religieuse voyant Desroches prêt à parler et plaçant sa main devant sa bouche; silence, mon ami, le docteur défend la moindre parole. Mais, malgré la défense.

— Bonne Prudence!!! exclame le malade.

— Silence donc! ne voulez-vous pas guérir?

— Oui, mais seulement pour vous prouver toute mon admiration et ma reconnaissance.

— Assez, assez! au nom du ciel! reprend Prudence d'un ton suppliant, et à peine a-t-elle prononcé ces mots, que la porte de la chambre s'ouvre et que Juliette pâle et tremblante vint se prosterner au chevet de son époux et saisir sa main qu'elle baigne de larmes et couvre de baisers.

— Imprudente! s'écrie Prudence.

— Ah! laissez, laissez de grâce! n'est-ce point à moi maintenant à veiller sur lui? répond Juliette.

Mais le son de sa voix a frappé Desroches qui, après avoir soulevé sa tête avec effort, fixe Juliette d'un regard sévère et de la main qu'il arrache de la sienne, lui fait signe de s'éloigner de sa vue.

La jeune femme anéantie par cet ordre cruel n'a plus la force d'obéir et demeure pétrifiée.

— Sortez, sortez madame; votre aspect me tue... Non, jamais, jamais! s'écrie Desroches d'une voix faible et s'efforçant de repousser Juliette qui vers lui, tend ses mains jointes et suppliantes, et abîmé par l'émotion il retombe sur l'oreiller sans force ni connaissance.

— Ah! qu'avez vous fait Juliette? dit Prudence, insensée, peut-être l'avez-vous tué.

— Tué! oh non! qu'il vive lui, c'est à moi de mourir puisqu'il n'est plus d'espoir de pardon.

Cela dit, Juliette saisit de nouveau la main de son époux la baise à plusieurs reprises et sort de la pièce avec rapidité malgré les efforts et les prières de Prudence pour la retenir. Hors d'elle, la jeune femme a regagné son appartement, et là, sa main trace plusieurs lignes sur le papier puis après avoir ployé cette lettre qu'elle adresse à son mari; Juliette couvre sa tête d'un chapeau de paille, ses épaules d'un ample châle et sans prévenir qui que ce soit, sort de la maison et d'un pas précipité se dirige pâle et tremblante vers la place de voitures la plus prochaine puis montée dans un fiacre, ordonne au cocher de la conduire hors Paris, vers les bords de la rivière.

Le ton de voix, avec lequel Juliette vient de donner cet ordre, son air d'exaspération, sa main qui, lorsqu'elle a monté, a tremblé dans celle du cocher, tout enfin, annonce à ce dernier quelques sinistres desseins de la part de la jeune femme. N'importe il verra, mais avant, il faut obéir ; et libre de choisir le chemin, fouette et pousse ses chevaux vers le champ de Mars, et la rive qui fait face au village de Passy. Enfin, non loin du port de Grenelle, Juliette agite le cordon, la voiture s'arrête et le cocher payé par tout l'argent que possède la jeune femme, est libre de s'éloigner.

— Non, pas si bête que de partir comme ça ; la jeunesse mijote un mauvais coup, c'est sûr, et je voulons voire ça. Elle est par trop gentille ma foi ! pour la laisser se périr dans ce ratafia de grenouille..... Vingt francs pour c'te course ! reprend le cocher en faisant sauter les pièces de cinq francs dans sa main, en vlà, j' disons d'la générosité... Oh ! ma poulette, des petites chattes comme vous qui font si généreusement les choses, faut que ça vive et long-temps... Oui, court, va, court ben, j'taurons bentôt rattrapée, ma petite mignonne, ajoute cet homme en attachant ses chevaux et regardant en même temps Juliette qui longe le rivage à grands pas.

En effet, l'infortunée, au comble du désespoir, la tête perdue et désireuse de s'arracher une vie qu'elle ne pourrait supporter sans l'amour et l'estime de son époux; l'infortunée donc, cherchait en ce moment un endroit isolé à tous les regards, pour se précipiter dans le fleuve qui coulait à ses pieds. Enfin, elle atteint le pont, gagne le dessous de la première arche, là nul témoin, un abîme qui lui paraît profond et des flots roulant avec rapidité. Alors, une larme, une pensée à sa mère, à son époux, une courte prière au ciel puis, elle s'élance et les eaux l'engloutissent.

— Sacré coquin !!! j'arrive un peu tard, c'est égal, à mon tour le plongeon, fait entendre une voix, et aussitôt la vague s'entr'ouve de nouveau pour recevoir le généreu x cocher.

XXIII.

ELLE EST MORTE?

— Onze heures, absente depuis le matin et elle n'est point encore rentrée, où peut-elle être? Et Prudence en disant ces mots, et agitée par la plus vive inquiétude, se dirigeait vers l'appartement de Juliette, accompagnée d'Annette qui, à la nouvelle de la longue absence de l'épouse de Desroches s'était empressée d'accourir.

— Une lettre de sa main ! mon Dieu ! je frémis s'écrie Annette en s'emparant de l'écrit qui vient de frapper ses yeux en entrant dans la chambre à coucher et le présentant à Prudence.

— Adressée à son époux, n'importe ! puisqu'il ne peut la lire, la prudence nous fait une loi de prendre nous-mêmes connaissance du contenu de cette lettre, puisse-t-il hélas ! ne pas nous annoncer quelque grand malheur, dit la jeune religieuse plus pâle qu'un lis et brisant le cachet d'une main tremblante, mais à peine a-t-elle parcouru les premières lignes que le papier s'échappe de ses mains et un cri de désespoir de son sein.

—Morte ! morte ! s'écrie-t-elle, lis, lis, Annette !

« Adieu donc pour la vie, toi qui me

« chasses de ta présence comme de ton cœur,
« adieu, toi, qui oses penser que Juliette,
« ton épouse, a pu un seul instant ou-
« blier ses devoirs sans expirer de honte.....
« je vais mourir, car la vie m'est odieuse
« après la perte de ton amour et de ton es-
« time, cependant, je suis innocente j'en
« prends à témoin ce Dieu devant qui je vais
« paraître, ce Dieu, à qui je vais demander
« grâce pour ton erreur. Sois heureux oh !
« mon ami, et daigne quelquefois, donner
« un souvenir à la pauvre Juliette. »

— Ah ! la malheureuse ! ! ! s'écrie à son tour Annette en pleurant à chaudes larmes, que faire mon Dieu ? s'il était encore temps de voler à son secours ?

Prudence agite aussitôt les sonnettes et attire dans la chambre tous les gens de la maison puis les angage à courir aussitôt à la recherche de leur jeune maîtresse et à cet effet, de cotoyer les bords de la rivière et de s'informer si, dans le courant de la journée on n'aurait point entendu parler d'une jeune femme qui se serait jetée à l'eau.

Les domestiques partis; Annette se rend avec hâte et malgré l'heure indue, près de Brichard, l'arrache à un sommeil de plomb, et après l'avoir instruit de la disparition de Juliette, des menaces que renferme sa lettre, le contraint à s'habiller et de courir aussitôt à la police y commander les recherches les plus promptes et les plus minutieuses.

Quinze jours se sont écoulés depuis le fatal événement, et nulle nouvelle satisfaisante n'est venue calmer le désespoir de Prudence et d'Annette, toutes les recherches ont été vaines, Juliette, l'amie de leur cœur, est perdue pour elles.

Hélas! comment apprendre un tel malheur à Desroches, ah! que s'il aime encore son épouse, chez lui le désespoir sera grand.

Ce qui causait alors les craintes de Prudence ne se fit point attendre, car Desroches, en pleine convalescence, libre de parler et d'entendre, voyait avec étonnement mais sans se plaindre l'éloignement de Juliette, ce qui le frappait encore plus, c'était le silence que gardait Prudence à l'égard de son épouse; cependant, il pensait que Juliette avait trouvé dans la jeune religieuse un zélé défenseur, et pourtant cette dernière n'avait encore fait entendre un mot en la faveur de la coupable, dont au contraire elle semblait éviter de prononcer le nom.

Un matin, que Desroches avait quitté le lit pour la première fois, et qu'assis près de Prudence il la remerciait de son dévoûment et des bons soins qu'elle lui avait prodigués. Desroches donc, fit entendre le nom de Juliette pour le maudire et accuser celle qui le payait de la plus infâme ingratitude.

— Ah! taisez-vous, taisez-vous au nom du ciel! s'écria alors Prudence avec effroi et vivacité : hélas! ne la maudissez pas, car elle fut toujours vertueuse et digne de vous.

— De votre excellent cœur, chère Prudence, je n'attendais pas d'autres paroles ; mais, combien n'ai-je pas le droit de me plaindre de celle que vous défendez si généreusement. Ah! ce n'est point assez pour elle, d'avoir déshonoré un époux que son inconduite a placé à deux doigts de la mort ; la perfide, insouciante, sans doute, du mal qu'elle lui a fait, l'abandonne sans pitié dans les plus douloureux instans...

— Hélas! ne l'avez-vous pas repoussée et chassée de votre présence, elle, la plus vertueuse, la plus aimante des femmes, la plus digne de tout votre amour et de votre respect? Ah! Desroches, qu'avez-vous fait?

Pleurez, pleurez votre injustice et que Dieu vous pardonne!...

Le ton solennel dont Prudence venait de prononcer ces paroles, les larmes abondantes qui les accompagnaient, produisirent sur l'époux un frissonnement involontaire, alors fixant Prudence d'un regard inquiet.

— Pourquoi ce langage? dit-il, pourquoi pleurerais-je? le pardon de Dieu est pour le coupable, et je n'ai point trahi l'amour conjugal, je n'ai point inhumainement enfoncé le poignard du désespoir dans le cœur de ce qui m'aimait le plus au monde, et condamné sa vie à des regrets éternels ; mais Juliette! Juliette! l'indigne! a fait tout cela et de moi; le plus malheureux et le plus inconsolable des époux.

— Erreur, vous dis-je, cessez de la calomnier, et plaignez-la, ho! plaignez-la, car elle fut bien malheureuse et vous bien crédule. Chère Juliette! toi, si bien faite pour être heureuse, te fallait-il perdre à la fois, l'amour de ton époux et le fruit de ton union ? exclame Prudence d'un accent douloureux.

— Le fruit de notre union, oh ! non, dites plutôt celui de son adultère, non jamais s'il eût vécu, cet enfant n'aurait reçu de moi le nom de fils.

— Hélas ! mais que faut-il donc pour vous convaincre, monsieur ? et pourquoi cette obstination à trouver un crime là, où il n'existait qu'un peu de dissipation si naturelle à l'âge de celle que sans cesse vous accusez si injustement.

— Si injustement, qu'elle faiblesse est la vôtre, Prudence, reprend Desroches, pourquoi chercher à l'excuser lorsque mon amour pour elle, ordinairement plus fort que ma raison, a renoncé à ce soin si cher, devant les preuves convainquantes de sa culpabilité ; lorsque étendu un mois entier sur un lit de douleurs, mes yeux ne l'ont aperçu qu'un instant.

— Oui, implorant en vain votre justice et vous la repoussâtes sans pitié.

— Mais, la cruelle, essaya-t-elle depuis à renouveler cette démarche? revint-elle vous aider à soulager des maux qui étaient son ouvrage? Non, elle a fui loin de moi, préférant, sans doute, à la vue de mes souffrances, les hommages de son indigne séducteur !

— Oui ! en ce moment vous dites vrai, Desroches, elle a fui, fui loin de nous, et peut-être pour toujours, non en joie, et ainsi que vous l'en accusez, la tête pleine de folles idées, mais, après vous avoir tracé des adieux éternels, certifié de nouveau son innocence; elle a fui, l'esprit égaré, le désespoir dans l'âme pour courir chercher la mort qu'elle préférait à votre mépris. Lisez, monsieur, lisez ! et osez encore l'insulter.

En terminant ces mots, Prudence animée

d'une noble indignation présentait à Desroches le dernier écrit de la pauvre Juliette.

C'est en tremblant, que l'époux de l'infortunée s'empare de la lettre et qu'il en parcourt le contenu, puis, frappé d'étonnement et d'effroi.

— O ciel! Juliette morte! morte! est-ce possible?... murmure-t-il d'une voix émue.

— Hélas! Dieu seul le sait, monsieur, puisque toutes les recherches, les informations jusqu'alors ont été inutiles.

— Morte de désespoir, reprend Desroches accablé, et vous dites qu'elle était innocente... Pauvre Juliette! pauvre Juliette! et cela disant d'un accent déchirant, deux ruisseaux de larmes s'echappèrent en abondance des yeux de l'infortuné.

— Oh! non, non! je ne puis injustement l'avoir désespérée à ce point, car alors, je ne pourrais lui survivre, Dieu ne le permettrait pas; oui, elle était coupable, adultère, je devais la mépriser, la haïr, la chasser loin de moi ! ah ! dites, dites, au nom du ciel ! n'est-ce pas, qu'elle avait cessé de m'aimer, qu'elle m'avait couvert d'opprobre, enfin ! qu'elle était la plus perfide et la plus ingrate des femmes !

— Prudence, effrayée de l'état d'agitation de Desroches, de sa pâleur et de la sueur mortelle qui couvre son front, n'ose répondre. Tremblante, elle essaie en vain à détourner l'entretien d'un si funeste sujet, car l'époux exaspéré, renouvele ses questions, la pousse, la conjure d'avouer la faute de Juliette, de la peindre à ses yeux, coupable, indigne d'aucun regret; mais Prudence ne se sent pas la force d'insulter à la mémoire de l'infortunée, et malgré les suites funestes qu'elle appréhende, persiste de nouveau à défendre l'honneur de son amie outragée. Desroches l'écoute long-temps en silence ; et son cœur bat avec force, ses larmes ruissellent et un délire violent succède bientôt à cet état d'une tranquillité apparente, alors le malheureux élevant ses mains jointes vers le ciel.

— Mon Dieu ! il est donc vrai que je l'ai tué, puisqu'elle n'avait cessé d'être pure et innocente, oh ! prenez ma vie, car, je ne dois pas lui survivre !..... Juliette ! Juliette ! Ah ! pardonne, d'avoir osé te croire coupable ; si par une injuste jalousie j'ai porté le désespoir dans ton sein, ange du ciel, prend pitié de mon repentir, ombre de Juliette ne me maudis pas !

Et Desroches, se précipite alors la face contre terre. Prudence hors d'elle, s'élance sur les sonnettes, les agite et fait aussitôt accourir les gens de la maison.

On essaie quelques secours..... ses nerfs

engourdis, son sang fixé semblent enfin s'agitter; au bout d'une heure, il ouvre les yeux, et sur son lit, on le place dans un affreux état de pâleur et d'anéantissement. Enfin, deux heures se sont écoulées, et il paraît reposer d'un sommeil calme et profond, près de lui, veillent Prudence et Annette.

Un domestique entre à bas bruit dans la chambre, et annonce qu'un homme se disant marinier, attend dans l'antichambre, et demande à parler à M. Desroches.

— Un marinier! s'écrient les deux jeunes gardes, effrayées par l'idée sinistre que fait naître en elles la profession de cet homme.

— Qu'il entre, qu'il entre, fait entendre Desroches d'une voix faible, et cherchant en réunissant le reste de ses forces à se placer sur son séant. Nouvel effroi de Prudence et d'Annette, en attendant l'ordre imprévu du malade que toutes deux croyaient enseveli dans un profond sommeil, et tandis qu'Annette gronde tout bas l'imprudent domestique, Prudence s'empresse d'apaiser le malade, et d'essayer à le détourner du dessein de recevoir une visite bruyante et nuisible à son état.

— Non, qu'il entre vous dis-je, peut-être vient-il nous tirer de la plus affreuse incertitude, obéissez! obéissez! ajoute Desroches d'une voix impérieuse, en fixant son valet, et quelques secondes après, le visiteur tenant un paquet à la main, abordait le chevet de Desroches.

— Qu'avez-vous à me dire, monsieur ?

— Pas grand'chose not bourgeois, si ce n'est pour vous montrer ce butin que j'avons trouvé il y a plusieurs jours, sous l'arche du pont de Grenelle, et que vous nous disions si par hasard, vous ne reconnaîtriez pas ces nippes, pour avoir appartenu à la femme qu'on dit la vôtre, et que vous faites chercher tant de soins. En disant, le marinier après avoir dénoué un enveloppe, laissa voir un schalle et un chapeau entièrement froissé que Desroches et les deux jeunes femmes reconnurent de suite pour avoir appartenus à Juliette. Plus de doute, la malheureuse a trouvé dans les flots une mort affreuse et certaine, et c'est ce que confirme à peu près le marinier en racontant, une jeune femme s'était jetée à la rivière quelques heures avant la trouvaille des objets, qu'un homme avait essayé de l'en retirer, mais qu'on ignorait s'il avait réussi dans ce généreux projet, vu qu'il était l'heure du déjeuner, et qu'aucun ouvrier ne se trouvait en ce moment sur le pont, excepté un jeune enfant qui, effrayé avait pris la fuite sans attendre la suite de l'évènement.

A peine cet homme avait-il fini de parler,

que Desroches poussant une douloureuse exclamation, était tombé sans connaissance. Encore trois semaines d'une douloureuse maladie, d'un délire violent, durant lequel les lèvres de l'infortuné Desroches, n'ont cessé de laisser échapper une plainte, l'expression d'un remords et le nom de Juliette.

Oui, il fallait fuir le séjour qu'elle avait habité, ces lieux où tous les objets qui frappaient les yeux de Desroches, la lui rappelaient trop sensiblement, c'était loin de la ville, et sous l'ombrage des bois, que l'homme de l'art indiquait le rétablissement entier de la santé du pauvre malade, dont il prédisait la guérison du corps, mais non; celle de l'âme.

Desroches et ses amis avaient donc quitté Paris, après un mois encore consacré à de nouvelles recherches sur Juliette, et en visites rendues aux autorités, dont le zèle pater-

nel avait complètement échoué dans les efforts entrepris pour seconder un époux au
désespoir.

XXIV.

DES GENS DU COMMUN.

Dans une mansarde, au cinquième étage, d'une maison située rue des Tours-au-Marais, une jeune femme belle comme les amours, appuyée sur une petite table, et la tête dans les deux mains, laisse échapper de pénibles sanglots, une autre d'un âge mûr, occupée dans un coin de la chambre à dresser un modeste couvert, entendant les soupirs de sa compagne, jette sur elle un regard de pitié; et quittant son ouvrage, s'approche doucement de la jeune affligée, puis prenant dans ses mains sa belle tête :

— Eh bien ! ma chère enfant, toujours des pleurs, toujours ce maudit chagrin qui finira par altérer ce joli visage? Allons donc ! du courage et de la patience, ma chérie lui dit-elle, à votre âge le malheur n'est pas sans remède.

— Hélas ! madame, pour le mien il n'en existe pas, répond la jeune femme à ces consolantes paroles.

— Dam ! mon enfant, je vous dirai bien cela tout de suite moi, voyez-vous, si vous aviez confiance dans la mère Grosjean, si, depuis le jour que son fils Blaise le cocher, vous amena chez elle presque sans vie et mouillée jusqu'aux os, vous aviez voulu lui conter vos chagrins, et lui demander quelques bons conseils, mais bah! depuis ce temps à peine avez-vous cessé de vous désespérer et de fondre en larmes, ce qui me fend le cœur à moi, et m'a maigri plus de moitié à force de me tourmenter pour vous.

— Oh! pardon, pardon, bonne et estimable madame Grosjean, mais il est de ses peines qu'on n'ose révéler, de ses chagrins qu'on dévore en silence, un jour, oui, un jour peut-être vous apprendrez combien je fus malheureuse.

— A la bonne heure! du moins, mon fils et moi saurons à qui nous avons eu affaire, votre nom, ce que vous êtes enfin, car franchement nous sommes encore à nous le demander. Mais, c'est égal, malgré votre silence, je crois bien avoir deviné quelques petites choses, par exemple, la cause de ce grand chagrin, occasioné par une amourette contrariée, n'est-ce pas mon enfant? Dam! à votre âge c'est si naturel. Ainsi, vous voyez bien que la richesse ne fait pas toujours le bonheur, car vous êtes riche pour sûr, n'est-ce pas, ma chérie!... Oh! je ne vous demandons pas ça par intérêt, bien le contraire allez! ce que mon garçon et moi faisons pour vous est inspiré par le cœur et v'la tout.

— Je me ferais un crime d'en douter, madame, et dans ma reconnaissance, croyez que si le secret de mes maux m'appartenait tout entier, je me ferais un devoir de placer ma confiance en vous.

— Hum! fit la mère Grosjean désappointée par son peu de succès, et retournant vers la cheminée afin de donner un tour de main à la casserole qui contenait le souper. Ah! voilà, Blaise, reprend madame Gros Jean, entendant tourner la clef dans la serrure, et ces mots à peine dit, la porte s'ouvrit pour donner passage à M. Blaise le cocher.

— Bonjour, mamzelle ! eh ben ! sommes-nous plus contente, avons-je reçu enfin cette fameuse lettre que nous attendons avec tant d'impatience?

— Hélas! non, pas encore, M. Blaise, aussi cela m'inquiète horriblement.

— Patience! patience, elle viendra. A propos, bonne mère, j'avons fait une bonne journée, grâce à notre excellent Saint-Médard à qui il a plu de nous envoyer aujourd'hui une pluie *conséquente*, aussi, je voulons à souper consommer le litre à quinze, rien que ça, et c'est à vos bonnes jambes, brave mère, que je recommandons notre envie.

— Volontiers, mon garçon et de suite, car le souper est prêt et ne veut pas trop attendre.

Cela dit, la bonne femme s'éloigna aussitôt armée d'une bouteille, après avoir recommandé à son fils de ne point laisser brûler l'épaule de mouton en train de rôtir sur le fourneau.

— M. Blaise, quelles nouvelles? dit la jeune femme après le départ de madame Grosjean.

— Rien de neuf depuis hier. Les recherches continuent comme ces jours passés, votre mari est, dit-on, beaucoup mieux, mais comme nul domestique n'est admis dans sa chambre, impossible de savoir ce qu'il pense de votre disparition à moins de s'adresser à l'une des personnes qui le veillent continuellement et qui, elles-mêmes, dit-on, pleurent votre perte de toutes les larmes de leurs yeux.

— Chère Prudence! bonne Annette! s'écrie Juliette avec attendrissement et levant ses yeux vers le ciel.

— Enfin ! j'ons passé ce soir à la poste, pas encore de lettre de madame votre mère, mais demain, oh ! demain, c'est sûr, aussi, faut vous consoler et souper ce soir de meilleur cœur que vous n'avez fait depuis que vous avez daigné accepter le toit de ma mère pour asile.

— Que de bontés ! Ah ! jamais, monsieur, leurs souvenirs ne sortiront de mon cœur.

— Bah ! de la reconnaissance pour si peu, ce n'est pas la peine, car, je ne faisons que not' devoir en obligeant le prochain.

— En vous exposant pour me sauver la vie, monsieur Blaise, vous avez fait plus que l'humanité n'exige, car vous-même vous pouviez périr en cherchant à accomplir une si noble tâche.

— Moi, mourir dans l'eau, pas si bête, je l'hais trop pour ça. Mais motus ! vlà la mère qui remonte, et elle ne doit rien savoir que ce que nous voulons perdre, à moins de vouloir mettre tout le quartier dans la confidence. Ah ! c'est ben dommage qu'elle soit bavarde et curieuse, la vieille mère, sans cela, ce serait une femme accomplie.

— Que le bon Dieu te bénisse, Blaise, mais, t'es fièrement maladroit, mon garçon, j'te recommandons de retourner l'épaule en mon absence et tu la laisses brûler, je la sentions de dedans l'allée.

Cela disant, madame Grosjean s'empressait de détacher le rôti attaché au fond de la casserole, et auquel la négligence de Blaise avait fait prendre une teinte charbonneuse.

— A table, à table ! vous chuchoterez tout bas après, la soupe refroidie, reprend madame Grosjean.

Blaise et sa mère font honneur au souper, Juliette s'efforce en vain à les imiter afin de complaire à ses hôtes, mais son cœur gonflé par le chagrin repousse les alimens et la contraint au rôle de simple spectatrice. On frappe à la porte, Blaise va ouvrir.

— Madame Grosjean? demande une dame élégante dont la figure est couverte d'un voile.

— C'est ici, madame, donnez-vous la peine d'entrer.

L'inconnue s'avance dans la pièce, aperçoit Juliette, pousse un cri et lui tend les bras. Juliette vient aussi de reconnaître sa mère et toutes deux sur le sein l'une de l'autre, confondent leurs larmes et leurs caresses.

— Brave mère, laissons ces dames causer un instant ensemble et allons nous informer si le vin du voisin vaut celui-ci, dit Blaise ; et par ces paroles interrompt l'extase où cette scène venait de plonger madame Grosjean, dont les yeux étaient ouverts outre mesure.

— Dam! garçon, si ces dames ont besoin d'être seules?

— Pas de doute, brave mère, ça se devine. Allons! en avant, marche!

Hortense avant de laisser sortir la mère et le fils, essaie à leur exprimer sa reconnaissance, mais Blaise l'interrompt et l'engage à ne s'occuper que de sa fille qui a beaucoup à lui dire et s'éloigne sans plus attendre, suivi de la mère Grosjean que cette absence forcée contente le moins possible.

— Ah! ma bonne mère, quel bonheur de vous revoir, et combien j'étais loin de m'y attendre.

— Quoi, ma Juliette, tu as pu croire que ta mère te saurait malheureuse sans de suite accourir près de toi! Quelle erreur! Ah! mon enfant! que ta lettre m'a fait de mal, hélas! combien le danger que t'a fait courir ton affreuse résolution, ma coûté de larmes et de soupirs. Toi, mourir, ma Juliette, mourir si jeune et si belle, et innocente encore! car je crois à tous les mots que renferme ta lettre mon enfant. Oh! oui, tu es pure, innocente, ma Juliette est incapable d'avoir oublié ses devoirs, un méchant, a pu la perdre un instant dans l'esprit de son époux, mais bientôt, l'imposteur sera confondu, et l'amour, l'estime de Desroches te vengeront d'un instant d'erreur de sa part.

Ah! ma mère, quel doux espoir vous versez dans mon cœur, oh! oui, je suis innocente, car, jamais, non, jamais la pensée d'une telle faute ne s'est présentée à moi, trahir le bienfaiteur de mon enfance, mon époux, était-ce possible? Ah! voyez-le, ma bonne mère, dites-lui bien que je n'ai cessé de l'aimer, de le respecter un seul instant, que toujours, il fut le rêve de ma vie, mon unique bonheur, que la mort, m'eût été cent fois préférable à son déshonneur, enfin! dites-lui que je meure s'il ne m'aime encore.

— Oui, oui ma Juliette, je lui dirai tout cela, il me croira, te rendra son amour, sa tendresse et nous serons heureuses, heureuses à jamais, mais ne pleure plus, mon enfant, calme ce désespoir, aie confiance en ta mère, qui t'aime, te chérit plus qu'elle-même, qui mourrrait aussi te sachant malheureuse et méprisée.

Long-temps, bien long-temps, la mère et la fille confondent leurs larmes et leurs soupirs, puis, Juliette cédant aux désirs de sa mère et rassemblant tout son courage, instruit Hortense de tout ce qui s'est passé depuis son mariage avec Desroches, des séductions dont Léonard n'a cessé de l'entourer, pour la faire manquer à ses devoirs, afin de satisfaire en cela sa vengeance plus que l'amour qu'il disait ressentir pour elle ; et, ne déguisant rien, la pauvre Juliette ajoute en rougissant, que manquant un jour de confiance en un mari qu'on lui disait infidèle, elle avait eu l'imprudence d'essayer à se faire une arme de la coquetterie espérant par ce funeste moyen qui seul l'avait perdu, ramener son époux dont elle aurait excité la jalousie. Puis ayant parlé et écouté le blâme sévère qu'Hortense lui fit entendre sur une conduite plus légère que coupable, Juliette reprit et raconta à sa mère qu'arrachée par Blaise au fleuve qui l'entraînait et dans lequel elle avait cherché la fin de ses chagrins, le brave homme voulant la soustraire aux regards des curieux et à l'investigation de la police, l'avait portée sans connaissance dans sa voiture et amenée chez sa mère où elle était demeurée cachée jusqu'à ce jour, entourée de soins et de consolations que Blaise, à qui elle avait fait part de son nom et de ses peines, lui avait conseillé d'écrire à sa mère et de lui demander secours et protection.

Comme Juliette terminait son récit, la porte vint à s'entr'ouvrir et Blaise après avoir frappé passant discrètement sa tête à travers l'ouverture, s'informa si ces dames avaient besoin de ses services.

— Oui, entrez, brave homme, répondit Hortense, venez recevoir les remercîmens d'une mère et lui apprendre comment elle pourra jamais s'acquitter envers vous des services précieux que vous avez rendus à sa fille ainsi qu'à elle.

— Ho! ho! ce n'est que pour ça que vous me voulez? pas de presse alors, car j'avons ben le temps de penser à c'te faribole.

— Entrez, je vous en prie, mon ami, fit à son tour entendre Juliette en allant au-devant de Blaise.

— Alors, présent, puisque vous le voulez absolument.

— Et Blaise d'après l'invitation d'Hortense vint s'asseoir près d'elle et de sa fille.

— Juliette va vous quitter, mon brave, pour me suivre à l'hôtel où je suis descendu à mon arrivée à Paris, mais nous ne nous éloignerons qu'après l'assurance que vous viendrez nous rejoindre demain matin pour ne plus nous quitter.

— Diable! c'est difficile ça, eh! qui donc à l'avenir conduira le sapin et gagnera du *quibus* à la vieille mère?

— Soyez sans inquiétude, l'emploi que je compte vous offrir dans ma maison, et près du général mon époux, vous mettra à même de soigner votre mère et d'adoucir ses vieux jours.

— C'est différent, alors, puisqu'il en est ainsi, je dis adieu à Cocotte et au Luxor, mes chevaux alezans, et j'accepte sans plus de renseignement.

Le lendemain, Blaise devenu factotum de la mère de Juliette, entrait en fonction à huit heures du matin.

XXV.

CONCLUSION.

— Sonnez fort, car ben sûr qu'il dort, ce père Marmottant, jamais il ne fait autre chose, criait une paysanne à trois personnes qui depuis un quart d'heure tintaient à la porte du personnage ci-dessus nommé.

Enfin, après avoir suivi ledit conseil, et attendu encore un long laps de temps, la porte de M. Marmottant s'ouvrit lentement et laissa voir aux visiteurs, un petit vieillard en robe de chambre et en bonnet de nuit, dont la bouche, pour donner passage à un éternel bâillement sembla s'ouvrir au-delà des oreilles.

Il était presque nuit alors. M. Marmottant distinguant deux dames élégantes dans l'obscurité, et accompagnées d'un homme à la figure honnête et cordiale, ne fit nulle difficulté à les introduire dans sa salle basse avant même de s'être informée de ce qu'ils étaient et ce qu'ils demandaient.

Ce fut donc, après s'être placé sur les sièges offerts par le maître de la maison, que la conversation s'entama.

— Monsieur ne me reconnaît pas? fit entendre une voix douce.

— Attendez, attendez, mademoiselle, ou madame, permettez que je mette mes lunettes... Ah! si, si, je vous reconnais parfaitement, vous êtes mademoiselle, la nièce de l'adjoint du maire de Fecamp, n'est-ce pas ?

— Non, monsieur, vous faites erreur, je suis l'épouse de M. Desroches, votre voisin, et propriétaire du château.

— Ah! mon Dieu!!! serait-ce possible? exclame M. Marmottant en faisant un soubresaut en arrière, comment, madame, vous n'êtes pas morte comme le bruit en a couru dans ce pays?

— Non, monsieur, ma fille existe, et j'en rends grâce au ciel, répond Hortense pour sa fille, dont l'émotion semblait en ce moment paralyser la voix.

— Et cet excellent M. Desroches, qui vous pleure nuit et jour, qui, inconsolable de votre perte, meurt de douleur et de regret...

Ah çà ! mais madame, comment cela se fait-il;
on vous avait donc enterrée toute vivante ?
Voyons, contez-moi cette affreuse aventure ;
car, chacun ici, et selon le dire de votre mari,
vous croit morte il y a six semaines, d'une
suite de couches.

— Comme vous le dites fort bien, monsieur,
on a cru madame entièrement morte et c'est
moi, Blaise Gros Jean, qui, le jour même de
l'enterrement de madame, passant près de
son tombeau, l'entendis soupirer, c'est moi
qui, aidé simplement de mes ongles, creusait
la terre, et brisant le cercueil, rendis madame
à la vie qu'elle n'avait pas perdue entièrement.

—Ah bah ! fait M. Marmottant, que le
conte de Blaise vient de jeter dans le plus
grand étonnement, hiem ? comme c'est heureux que vous ayez passé par là en cet instant. Sans cela, madame, était la malheureuse
victime d'une léthargie sans doute ?

— Comme vous dites, monsieur, répond l'ancien cocher avec sang-froid.

— Veuillez nous entendre monsieur et accéder au service que nous venons réclamer de votre obligeance, dit Hortense à M. Marmottant, jalouse de couper court à la mystification dont Blaise vient de le rendre dupe.

— Expliquez-vous mesdames, et d'avance, je me mets tout entier à votre service.

Cela dit, Hortense fait part alors au complaisant voisin, de son désir d'habiter sa maison, en qualité d'ami, afin de soustraire Juliette à tous les regards, jusqu'au moment où, sans danger pour son époux qui la croit perdue à jamais, elle poura se présenter à lui après qu'il aura été préparé à cette entrevue. Accordé sans difficulté de la part de M. Marmottant, qui, appelant aussitôt Javotte, sa servante, lui recommanda le secret sur la présence de ces dames dans sa demeure et d'aller aussitôt préparer le souper et disposer les lits.

Le lendemain à huit heures du matin, M. Marmottant se présentait au château de Blancourt, et sur la réponse que M. Desroches n'était pas visible pour cause de son état de souffrance, le vieux voisin demandait alors à parler à mademoiselle Prudence Verbois.

— Soyez le bien-venu, monsieur, dit cette dernière en venant à la rencontre du visiteur; et daignez prendre en considération l'indisposition qui empêche M. Desroches de recevoir votre obligeante visite.

— J'excuse tout-à-fait mademoiselle, mais ça ne va donc pas mieux pour ce bon M. Desroches?

— Hélas! non.

— Je conçois, la perte de sa jeune épouse le rend inconsolable?

— Pour la vie, monsieur, et, le chagrin

qui le dévore nous fait trembler pour ses jours.

— Diable! diable!... Ah çà! venons au but de ma visite, mademoiselle, croyez-vous que notre intéressant malade recevrait sans une trope vive émotion, la visite de madame sa belle-mère?

— Que dites-vous, monsieur, Hortense serait en ce pays?...

— Chez moi, depuis hier, et à m'attendre en ce moment à deux pas de ce château.

— Oh! qu'elle vienne, monsieur, qu'elle vienne m'aider à conserver l'existence de son malheureux gendre, oui, oui! il la recevra, et la consolera; ah! courez, monsieur, dites-lui que je l'attends avec l'impatience la plus vive, allez, et de ce pas je cours préparer Desroches à sa réception. Mais dites-moi, dites-moi avant, monsieur, connaît-elle le sort de sa malheureuse fille?...

— Hum! hum! fait M. Marmottant assez embarassé de la question, hum! j'ignore, mademoiselle.

Et cela dit, le vieux voisin s'éloigne avec le plus de vitesse que ses jambes le lui permettent. Prudence se rend donc aussitôt près de Desroches qui, pâle et d'une faiblesse extrême, soutenu par Annette, se disposait à descendre faire un tour de promenade au jardin.

— Restez, restez encore quelques instans mon ami, lui dit la religieuse en le prenant doucement par la main et le faisant asseoir, quelqu'un qui connaît vos chagrins et les partage, ajoute-t-elle, demande à vous voir, à vous entendre.

Desroches à ces mots fixa sur Prudence un regard languissant.

— Quelqu'un qui connaît mes chagrins, dit-il, qui les partage, cela ne peut-être qu'un ami, qu'il vienne alors mon cœur l'attend et le désir... mais, son nom d'abord ?...

— Hortense, répond en hésitant Prudence.

— Hortence! ô ciel! hélas! vient-elle me maudire, me demander sa fille, m'accuser de sa mort? s'écrie Desroches tremblant et hors de lui.

— Non, mais vous consoler et sans doute pleurer avec vous.

— Ah! qu'elle vienne, je veux la voir, lui demander grâce et pitié... A peine a t-il prononcé ces mots que la porte s'ouvre et qu'Hortense vient tomber sur le sein de Desroches qui, à sa vue pousse un cri douloureux.

— Ah! pitié! pitié pour moi qui l'ai cru coupable, qui ai jetté le désespoir et la mort dans son sein, pitié pour moi qui ai tué la mère et l'enfant!...

— Oui, oubli de toutes les fautes, si justice est rendue, si, sans autre preuve que son désespoir, vous la reconnaissez innocente et pure, répond Hortense en pressant avec tendresse les mains de Desroches.

— Oh! mon Dieu, elle est morte, morte! en maudissant mon injustice et ma fatale erreur sans doute? je ne la reverrai plus, il me faudra mourir aussi sans son pardon.

— Non, mais vivre pour rendre hommage à sa vertu et l'aimer comme elle n'a cessé de vous aimer un seul instant.

Ce langage jette la surprise parmi ceux qui l'écoutent, Desroches pâlit encore plus, frisonne, et d'un regard inquiet et scrutateur fixe Prudence avec avidité sans trouver la force de l'interroger.

— Expliquez-vous de grâce, Juliette existe t-elle encore? s'écrie Prudence avec l'accent de la plus vive émotion.

— Parlez, parlez au nom du ciel! Juliette

me serait-elle rendue? ah! répondez, répondez, je vous en conjure! fait Desroches d'une voix faible en élevant des mains jointes et suppliantes vers la mère de son épouse.

— Oui, elle vit, mais pour celui qui la croit encore digne de tout son respect et de son adoration.

— Ah! menez-moi près d'elle, que j'implore à ses pieds sa pitié et son pardon...

Desroches en disant avait quitté son siège, mais, la commotion était trop forte pour son état de faiblesse, et victime de sa vive émotion il tomba sans connaissance dans les bras d'Hortense et d'Annette.

Deux heures après, il revenait à la vie et ses yeux en s'ouvrant surprirent sa main pressant celle de sa Juliette qui, les yeux inondés de larme, fixait sur lui un regard où se peignait l'expression de l'amour et du plus vif intérêt. Uu peu plus tard les deux époux entièrement réconciliés et sur le sein l'un de l'autre scellaient par les plus tendres caresses, le serment de s'aimer toute la vie et celui d'une confiance sans borne. Pour mettre de suite à exécution ce dernier serment, Desroches sans daigner les parcourir, livra de suite aux flammes du foyer, les lettres qui justifiaient Juliette et qu'Hortense, avant de se rendre à Blancourt, avait su obtenir du repentir d'Alfred et de Léonard, ce que voyant.

— Vive la confiance en ménage! c'est le plus sûr moyen de conserver et d'entretenir la santé, le bonheur et la joie, s'était écrié Brichard en courant embrasser sa femme.

— Hum! qui s'y frotte s'y pique, avait murmuré tout bas le voisin Marmottant qui, venant de faire son entrée, n'avait entendu que les derniers mots de Brichard.

Six mois se sont écoulés, Prudence, ayant de tout son pouvoir contribué à l'entier rétablissement de Desroches et à son bonheur conjugal, et perdu tout espoir d'amour et de félicité, s'est retirée dans un couvent d'une des villes d'Italie, et y a prononcé des vœux éternels, malgré les prières de ses amis qui, ne pouvant vaincre sa résolution, et le désespoir dans l'âme, ont reçu ses derniers adieux.

Léonard, ruiné par ses folles dépenses et la banqueroute de son associé, n'osant dans sa détresse s'adresser à Desroches, dont il avait payé les bienfaits de la plus infâme ingratitude, est passé en Amérique afin d'y tenter une nouvelle fortune.

Quant à Victorine, devenue libre par la mort de Léon, tué en duel, elle habite depuis deux mois, le château de Blancourt où Desroches et sa femme ont entièrement fixés leur résidence et où Alfred, pour prix de son repentir et de sa bonne conduite, devenu l'ami de la famille, s'occupe à consoler la jeune veuve en attendant le moment convenable de lui demander sa main.

Hortense, long-temps témoin du bonheur de sa fille est retournée à Anvers près d'un époux dont elle diminue la souffrance par sa présence et ses soins et qu'elle espère un jour enlever à la Belgique afin de réunir toute la famille au château de Blancourt.

FIN.

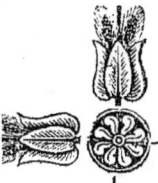 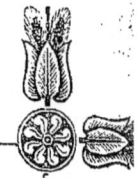

SOUS PRESSE :

LA CHAUSSÉE D'ANTIN,

Histoire contemporaine,

PAR AUGUSTE RICARD,

Auteur de *Pierre Giroux*, du *Cocher de Fiacre*, de *la Grisette*, etc.

2 vol. in-8.

REINE ET SOLDAT,

Par le Baron de Lamothe-Langon,

2 vol. in-8.

LE BOUDOIR

ET

LA MANSARDE,

ROMAN ENTIÈREMENT INÉDIT,

PAR MICHEL RAYMOND,

2 vol. in-8.

Ce roman paraîtra au plus tard fin octobre prochain.

La Duchesse de Valombrey,

PAR

Mme JUNOT D'ABRANTÈS.

2 vol. in-8.

Ce roman paraîtra incessamment.

E. DÉPÉE, IMPRIMEUR, A SCEAUX.

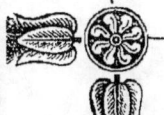 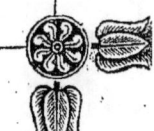

www.ingramcontent.com/pod-product-compliance
Lightning Source LLC
Chambersburg PA
CBHW050912230426
43666CB00010B/2135